Martin Kutz

Besuch im Soldatenhimmel.

Ein wissenschaftlicher Reisebericht aus einer anderen Welt

Besuch im Soldatenhimmel

Ein wissenschaftlicher Reisebericht aus einer anderen Welt

Martin Kutz

2022

Carola Hartmann Miles-Verlag

Bibliografische Information der Deutschen Nationalbibliothek

Die Deutsche Nationalbibliothek verzeichnet diese Publikation in der Deutschen Nationalbibliografie; detaillierte bibliografische Daten sind im Internet über www.dnb.de abrufbar.

© 2022 Carola Hartmann Miles-Verlag, Berlin
www.miles-verlag.jimdo.com
email: miles-verlag@t-online.de

Herstellung: Books on Demand, Norderstedt

ISBN 978-3-96776-047-7

Vorwort

In einem Alter, in welchem man immer damit rechnen muss abzutreten, ist Aufräumen und Ausmisten eine Erleichterung. So fielen mir auch alte Unterlagen in die Hand. Der hiermit vorgelegte Reisebericht ist sicherlich etwas ungewöhnlich und für die aufgeklärten, wissenschaftsorientierten Menschen unseres Jahrhunderts zunächst schwer nachvollziehbar. Solche Jenseitserfahrung hat sich aber seit Jahrtausenden im kulturellen Bewusstsein der Menschheit erhalten und ist vielfältig dokumentiert. Die Welt der Naturvölker ist voller Geister und Dämonen, die in einer Welt außerhalb menschlicher Einsicht leben und deren Einwirkung auf menschliches Schicksal wegen seiner Willkürlichkeit eine stete Bedrohung darstellt. Die Griechen kannten ihren Himmel ganz genau und nur wenigen Menschen war es beschieden, direkten Einblick zu erhalten, alle anderen landeten im Hades, im Reich der Schatten. Der Islam kennt hier das himmlische Paradies, das vor allem den im Kampf um den rechten Glauben gefallenen Kriegern vorbehalten ist. Dort wird der Soldat für seine Entbehrungen - insbesondere für seinen Verzicht auf die Freuden der Liebe - auch erotisch entschädigt. Islamisches Paradies ist damit ein Mittelding zwischen Götterhimmel der Griechen, in dem die erotischen Freuden den Göttinnen und Göttern selber vorbehalten waren, und dem Himmel der Christen, der nicht nur unerotisch, sondern geradezu asexuell organisiert ist. Da modernes Soldatentum aus seinem mittelalterlichen und früh-neuzeitlichen Entstehungszusammenhang christlich geprägt ist, muss sich der europäische Soldat der letzten fünf- bis sechshundert Jahre im Jenseits ohne das weibliche

Geschlecht zurechtfinden. Christentum hat Sexualität ins Dunkel und in die Nacht abgedrängt und so ist es verständlich, dass es im christlichen Himmel immer taghell, kurzum - erleuchtet zugeht.

Davon und von persönlichen Jenseitserfahrungen ist die Literatur seit Jahrhunderten voll. Wir modernen Menschen haben es nur versäumt, sie wirklich ernst zu nehmen, und wo wir es taten, versuchten wir, durch symbolische Umdeutung diese Erfahrungen in unsere Weltsicht zu integrieren. Wie zahlreich aber auch in der Zeit nach der Aufklärung solche Erfahrungen sind, entnehme der Ungläubige und Skeptiker der Literaturauswahl, die ich an den Schluss des Berichtes gestellt habe. Ihr ist auch zu entnehmen, dass es solche Skeptiker wie Goethe, Lord Byron, und in der zweiten Hälfte unseres Jahrhunderts der Atheist Arno Schmidt waren, die solche Erlebnisse, Erfahrungen und Wahrnehmungen aufgezeichnet haben, nicht zu vergessen die umfangreiche wissenschaftlich-theologische Literatur, die sich mit Hölle, Fegefeuer, Himmel, Paradies oder Jenseits allgemein befasst. Vielleicht erleichtern diese Hinweise dem geneigten Leser dieses Berichtes, denselben wirklich ernst zu nehmen.

Die beigefügten Dokumentarfotos haben leider keine Spitzenqualität. Wer den Bericht aufmerksam liest, wird die Gründe dafür kennen und akzeptieren.

Hamburg, 1. April 2021
Martin Kutz

Der Bericht

Erinnerungen sind etwas ganz Merkwürdiges. Vieles hat man viele Jahre aus dem Gedächtnis verbannt, einfach vergessen, manchmal auch verdrängt. Und wie das so mit Verdrängtem ist, es meldet sich irgendwann wieder zurück, wenn man gar nicht damit rechnet. Irgendein geringfügiger Anlass schließt das Tor zur verlorengegangenen Vergangenheit wieder auf und den Anlass verschafft man selbst dem Gedächtnis, ohne es vorher zu merken. So ist es mir zwischen Weihnachten und Neujahr ergangen.

Die Zeit zwischen den Jahren ist ja die Zeit, seine Geschäfte abzuschließen und die Akten in Ordnung zu bringen. So ging ich denn zwischen Weihnachten und Neujahr in mein Büro, um aufzuräumen. Ein ganzes Jahr hatte ich Papiere und Akten, Bücher und Kassetten des Diktiergerätes einfach immer auf den großen Haufen geworfen, in der nicht allzu weltfremden Annahme, dass sich das meiste davon durch Liegenlassen von alleine erledigen würde. Nun wollte ich wenigstens so weit aufräumen, dass alles Überflüssige in den Müllcontainer könnte und ich wieder Platz bekäme für ein weiteres Jahr meiner speziellen Art bürokratischer Aktenbearbeitung.

Das meiste hatte sich wirklich erledigt. Vielem sah man das ja schon von weitem an. Aber ganz hinten in der linken Ecke hinter dem Schreibtisch, hinter Papierkorb und Lampe tauchte ein Bündel zerschnittener Landkarten auf, wie man sie bei uns in der Akademie als Schmierpapier benutzt. Und als ich sie aufhob, lagen darunter über ein Dutzend Kassetten aus unseren altertümlichen Diktiergeräten, eine Rollei 35, der Fotoapparat, den ich schon seit 10 Jahren vermisst hatte und zwei Dutzend verknipste Filme.

Ich wollte die Papiere gerade wegwerfen, als sich mein Blick in einem Text verfing, den ich in meiner unnachahmlichen Handschrift offenbar in großer Hast und winzigen Buchstaben vollgeschrieben hatte. Es waren dicht gedrängte, im Telegrammstil verfasste Notizen, teilweise offenbar wörtlich mitgeschriebene Äußerungen von irgendwelchen Leuten, deren Namen nur in Kürzeln davor standen und einige Skizzen. Beim Durchstöbern kam mir dann die Erinnerung wieder an ein ungewöhnliches Abenteuer. Die Erinnerung war noch recht verschwommen und mit manchen Unklarheiten versehen. Langsam dämmerte es mir aber, woher diese Überbleibsel und Dokumente kamen.

Weil ich mit der Familie in Urlaub fahren wollte, musste ich nach Hause, und so packte ich alles zusammen, fand dabei auch noch das alte Diktiergerät wieder, mit dem man die Bänder abspielen konnte und war nun sehr gespannt, was alles wohl in den vergessenen Unterlagen stehen würde. So viel war klar, ich hatte mit einem militärischen Dozenten der Führungsakademie unter Führung und Anleitung vom Spieß des Fachbereiches Sozialwissenschaften eine Reise in eine fremde Welt getan, die im Kasino mit viel Calvados und Bier begonnen hatte und mit großen Gedächtnislücken auf dem Dienstzimmer geendet haben musste. Denn am nächsten Morgen trafen wir beide uns auf dem Flur im Stabsgebäude der General Graf Baudissin Kaserne mit dickem Schädel, als wir beide versuchten, ungesehen die Toilette zu erreichen, mit dem Ziel, uns wieder für die zivilisierte Gesellschaft zurechtzumachen.

Dazu muss ich sagen, dass ich mit selbigem Dozenten seit Jahren befreundet bin - nicht erst nach diesem

Abenteuer. Er als Stabsoffizier war für die Politikwissenschaft verantwortlich, ein spontaner, aufbrausender manchmal etwas ruppiger Mann, allerdings gesellig und im Ganzen gutmütig. Ich hatte als Historiker meist andere Ansichten als er, insbesondere war ich in allen Dingen, die das Militär betrafen, durchaus skeptischer. Aber wir ergänzten uns und hatten immer Stoff für anregende Diskussionen. Selten fanden sie trocken statt. Ein Glas Wein oder ein Bier gehörten dazu. Beide waren wir wenigstens damals noch einigermaßen trinkfest.

Mich hatte das kurze Schnüffeln in den alten Papieren so neugierig gemacht, dass ich den ganzen Kram mit in die Aktentasche gepackt und die Papiere und Tonbänder einer ersten, groben Analyse unterzogen habe.

Es war mühsam genug, meine eigenen Aufzeichnungen wieder zu entziffern, die meines Freundes hatten schon fast die Qualität einer handschriftlichen Prüfungsklausur. Die Tonbänder waren nervtötend verzerrt, nur mit Mühe ließ sich feststellen, wer worüber gesprochen hatte. Schreibfaul, wie Soldaten mal sind, hatte mein Freund offenbar seine Eindrücke aufs Band gesprochen und unendlich viele Interviews gemacht. Die Fotos habe ich erst später entschlüsseln können, als ich aus Texten und Tonaufzeichnungen den eigentlichen Hergang unseres Abenteuers rekonstruiert hatte und meine Erinnerungen aus dem Vergessen auftauchten. Die Fotos waren miserabel, hatten die Filme doch ca. zehn Jahre herumgelegen. Vieles war auf den Bildern nur schemenhaft erkennbar und ohne die Kenntnis dessen, was sie zeigen sollen, auch kaum entzifferbar. Deshalb habe ich sie digitalisieren lassen, als Vorlage für einen Druck taugen sie aber trotzdem nichts.

Aber genug der Vorrede. Ich will einfach der Reihe nach erzählen, was vor etwa fünfundzwanzig Jahren passiert ist. Nur so viel sei vorweggesagt, wir beide, mein Freund, Stabsoffizier Major Manfred Eisenbart, Dr. rer. pol., und ich haben offenbar und unabweislich unter der Führung von Hauptfeldwebel Scharnwild - so hieß nämlich unser Fachbereichsspieß - einen Besuch im Soldatenhimmel gemacht. Aber nun der Reihe nach, was vorgefallen war.

Wir hatten mal wieder bei miesem Hamburger Novemberwetter eine unserer chaotischen Dozentenkonferenzen hinter uns gebracht. Manfred war zum wiederholten Mal cholerisch ausgeflippt und hatte damit neuen Zündstoff in die Debatte geworfen, wodurch die Konferenz noch einmal eine halbe Stunde länger gedauert hatte - und ich, wütend deshalb, hatte ihn kräftig angeblafft.

Auf dem Gang entschlossen wir uns aber, Frieden zu schließen und den Frieden mit einem Glas Bier zu begießen. In diesem Augenblick kam Hauptfeldwebel Scharnwild über den Gang, mürrisch, weil er als Paradesoldat, der er war, in diesem Chaotenhaufen von Wissenschaftlern Dienst tun musste, und genervt bei der Aussicht, zu Frau und erwachsener Tochter nach Hause zu müssen, weil Frauen, wenn auch irgendwie zum Leben notwendig, die Strafe Gottes für den Mann im Allgemeinen und den Soldaten im Speziellen sind.

Verzweifelt zwirbelte er an seinem prachtvollen „Hab-Acht-Kaiser-Wilhelm-Bart" und schaute hilfesuchend uns beide an. Auf ein Bier wollte er mitgehen, aber nur ins Unteroffizierheim, denn bei den Offizieren fühlte er sich nicht richtig wohl. So gingen wir zu Dritt, setzten uns an die Theke und fingen an, über die Bundeswehr, das Militär an sich und Gott und die Welt zu diskutieren.

Scharnwild hörte anfänglich freundlich distanziert zu, bestellte eine Runde Calvados, ich die nächste Runde Bier, Manfred wieder Calvados und im Laufe der Zeit wurden unsere Thesen gewagter und die Proteste von Scharnwild lauter und bestimmter. Dann machte ich den Fehler - es muss schon sehr spät am Abend gewesen sein, denn wir drei waren neben dem wehrpflichtigen Hauptgefreiten, der als Ordonnanz Dienst hatte, die einzigen im ganzen Raum -, meine Ansichten mit historischen Beispielen aus der Militärgeschichte zu begründen. Da begannen nun beide, Scharnwild und der für uns namenlose Hauptgefreite, nicht nur zu protestieren, sondern auch noch, mich auszulachen. Wie ich als Zivilist und außerdem mit dem bisschen angelesenem Wissen über Soldaten der Vergangenheit glaubte, urteilen zu können.

Trotz der angesammelten Promille war ich ziemlich perplex und fragte mich, woher ein unbedeutender Hauptgefreiter und ein militärisch-steifer, aber offenbar unbelesener Hauptfeldwebel die Courage hernahmen, einen ausgewiesenen Wissenschaftler so anzumeiern. Fachkenntnisse hatten sie offenbar keine, aber sie zeigten eine Selbstsicherheit, die sie im alltäglichen Dienst bisher auch nicht bewiesen hatten. Ich war sprachlos. Scharnwild bemerkte meine Verwunderung und Verwirrung und machte uns beiden ein Friedensangebot. Denn Manfred hatte sich auf einmal daran erinnert, dass er ja Offizier und deshalb den beiden über war und aus dieser vorher etwas verschütteten Einsicht heraus hatte er die beiden angefaucht, was sie sich herausnähmen.

Scharnwild sagte, und heute habe ich wieder seine Stimme im Ohr, als wenn es gestern gewesen wäre: "Meine Herren Doktoren, schauen wir uns doch mal die Geschichte vor Ort an. Wenn Sie Lust und den Mut dazu haben, gehen wir durch die Militärgeschichte in den Soldatenhimmel. Dort können sie selbst die Wahrheit sehen."

"Was, in den Himmel sollen wir? Noch leben wir und wollen am Leben bleiben, und außerdem, was heißt hier Himmel? Was für einen Bären wollen Sie uns aufbinden?" Nun grinste der Hauptgefreite hochmütig, ja frech und zeigte, dass er uns beide für Feiglinge hielt. „Der Weg zum Soldatenhimmel geht nicht nur durch die Militärgeschichte, sondern auch durch die Soldatenhölle", meinte er, „aber zu ihrer Beruhigung: Sie müssen nicht erst sterben, um beides erleben zu können, sie müssen nur Scharnwild und mir folgen, genügend Mut dafür aufbringen und außerdem das Vertrauen zu uns beiden, dass wir Sie sicher und um einige Kenntnisse reicher zurückbringen werden."

Ich sah mir den Kerl hinter der Theke jetzt zum ersten Mal genauer an. Zunächst war nichts Auffälliges an ihm. Er hatte das blaue Diensthemd an, am Kragen und an den Manschetten ein wenig angeschmuddelt, eine mäßig gut gebügelte Hose, einen merkwürdigen Haarschnitt. Stoppelputz nannte man so etwas in meiner Jugendzeit, allerdings war dieser ziemlich ungepflegt, hätte kürzer sein dürfen und etwas gleichmäßiger. Jetzt erst sah ich zwei kleine spitze Höcker in den

Haaren versteckt, und als ich mich konsterniert über die Theke beugte, um ihn voll in Augenschein zu nehmen, sah ich erst, dass er auch einen Klumpfuß hatte. Ich muss ziemlich erschrocken dreingeschaut haben, denn wieder grinste der Kerl und meinte: „Bin ungefährlich. Wer nicht an Gott glaubt, braucht auch den Teufel nicht zu fürchten. Außerdem geht die Reise nur, wenn Sie sachkundige Führung haben. Nur ich kann Ihnen freies Geleit und die fachliche Anleitung bieten, die Sie nun mal brauchen, wenn Sie in den Himmel wollen. Jeder Weg in den Himmel führt durch die Hölle und das Fegefeuer. Das weiß man schon seit dem Mittelalter, als man beides und den Himmel noch wirklich ernst genommen hat."

Ich schaute Scharnwild skeptisch und verwirrt zugleich an. „Er hat recht," meinte der, „ohne ihn geht nichts. Aber ich bleibe dabei und garantiere für Gefahrlosigkeit." Jetzt sah ich, dass Scharnwild nicht nur diesen wunderbaren geschniegelten Bart hatte, sondern dass seine Halbglatze außer von einem dunklen Haarkranz auch von einem hellen Schimmer umgeben war. Nun fiel mir auch auf, welch schöne langen Hände und Finger er hatte und mit welcher Delikatesse er mit diesen Händen seine Worte gestenreich untermauerte. Größer und stattlicher erschien er mir, als ich glaubte, ihn zu kennen, und er strahlte Selbstbewusstsein und Sicherheit aus. Zugleich war von seiner gestelzten militärischen Straffheit und der betonten Korrektheit nichts mehr zu sehen. Er präsentierte sich in gelassener Natürlichkeit. „Ja, ich komme von dort. Sie schicken mich immer wieder zur Erde. Muss regelmäßig Bericht erstatten, wie es in der Armee aussieht. Sie würden mir sehr helfen, wenn Sie mitkämen.

Sie müssen wissen, man hat mich an die Akademie versetzt, weil die jüngeren der hohen Herren im Soldatenhimmel wissen wollen, wie heutzutage Stabs- und Generalstabsoffiziere ausgebildet werden. Nur, davon verstehe ich nicht genug, und so können Sie diesen Part übernehmen."

Wir fragten, welche jüngeren Herren er denn meine. „Nun, Generalstabsoffiziere gibt es erst seit zweihundert Jahren. Die früher verstorbenen Soldaten kennen das nicht aus eigener Erfahrung. Und, Sie wissen ja, was ein Soldat nicht selbst erfahren hat, nimmt er nicht ernst."

Kurz und gut, der Alkohol hat wohl das Seine dazu getan: Wir willigten beide ein, die Reise in die andere Welt mitzumachen. Manfred hatte Bänder und Kassettengerät in seiner Aktentasche, weil er irgendeinen Text diktieren wollte, ich, der ich sonst nur auf jungfräulich weißem Papier denken und schreiben kann, hatte mir im Geschäftszimmer Schmierpapier andrehen lassen, weil wegen der Haushaltssperre am Schreibpapier statt an der Bewaffnung gespart wurde. Noch wussten wir nicht, dass wir beides brauchen würden und weil ich meinen Fotoapparat hatte reparieren lassen und Filme für einen bevorstehenden Urlaub eingekauft hatte, war ich sogar in der Lage, unsere Reise im Bild zu dokumentieren.

Kaum hatten wir genickt, ging unser Hauptgefreiter zur Casinotür und schloss sie von innen ab. Dann lotste er uns beide hinter den Tresen, öffnete den Verschlag über der Öffnung im Fußboden, durch die Bierfässer mit einer hydraulischen Hebevorrichtung aus dem Keller hervorgehievt werden konnten, ließ die kleine Plattform hochfahren, stellte sich darauf, forderte uns drei auf, das Gleiche zu tun und dicht an dicht, damit wir durch die Öffnung passten, sanken wir langsam in den Bierkeller.

Es war schauderhaft kalt und außer einer kleinen Funzel an der Decke kein Licht. Einige leere Fässer lagen halbwegs im Wege. Als Manfred dagegen rammelte, schepperte es laut und mit heftigem Nachhall dort unten. Unser Hauptgefreiter ließ sich dadurch nicht beirren und ging zu einer Tür voran, schloss sie auf und lief uns in einem langen, unbeleuchteten Kellergang voraus. Ich wunderte mich, dass wir trotzdem sehen konnten, gewahrte dann aber mit einigem Staunen, dass der helle Schein um den Haarkranz von Scharnwild völlig ausreichte, um uns die nötige Orientierung zu ermöglichen. Am Ende des Kellerganges machten wir vor einer Wand halt. Nichts unterschied sie von anderen Wänden. Der Hauptgefreite betastete sie zuerst, als suche er einen besonderen Mauerziegel in dieser Wand. Dann schien er ihn gefunden zu haben und klopfte mit dem Knöchel des Mittelfingers sieben Mal dagegen, kaum hörbar aber heftig genug, dass ihn der Knöchel schmerzte, denn er verzog sein Gesicht zu einer leichten Grimasse. Dann schien er in die Mauer hineinzuhorchen, war auf einmal zufrieden und forderte uns drei auf, ihm durch die Mauer zu folgen. Noch bevor wir uns so richtig davon erholt hatten, dass er so einfach durch die Mauer hindurchging, bekamen wir von Scharnwild einen leichten Schub und stolperten selber durch die Mauer hindurch.

Geblendet blieben wir stehen, denn jenseits der Mauer war es taghell. Die Sonne stand ganz niedrig am Horizont, stieg aber sichtbar schnell auf, wie es beim Sonnenaufgang in den ersten Minuten immer den Anschein hat. Es war zwar kühl, ließ aber einen warmen, vielleicht aber auch heißen Tag erwarten. Rundherum war alles grün. Es musste Frühsommer sein. Für mich war das besonders schön, weil ich die nebligen, trüben, dunklen Novembertage schon immer wie die Vorhölle empfinde und bei solchem Wetter zu Depressionen oder zu starkem Weinkonsum neige. Etwas verdutzt fragte ich unsere Cicerones, wie ich das zu verstehen hätte: wir sollten durch die Hölle hindurch zum Himmel gelangen und nun käme ich aus der Novemberhölle Hamburgs in eine wunderschöne helle Sommerlandschaft. Die kurze Antwort war, dass ich warten solle. Außerdem gebe es nicht die eine Hölle, sondern jeder Beruf und jede Nation habe ihre eigene, und als Hölle würde sie nicht von den Besuchern empfunden, sondern nur von denen, für die sie bestimmt sei. Manfred und ich sahen uns an, als ob wir von einer großen Erleuchtung erfüllt und überfallen worden wären. Mir schoss es auf jeden Fall blitzschnell durch den Kopf, dass wir beide schon lange tot sein könnten und uns zu unserer Hölle, diesen ewigen, unsäglichen Dozentenkonferenzen mit ihren Showkämpfen, unwirklichen Grundsatzdiskussionen und intellektuell kaschierten Anfeindungen immer wieder einfinden müssten, um über Dinge zu reden und zu beschließen, die wir schon dutzende Male vorwärts und rückwärts gekaut hatten und je nach Laune und Mehrheitsstimmung immer wieder umgeworfen und neu beschlossen hatten. Scharnwild tröstete uns aber mit dem Hinweis, die Hölle wäre das Ganze nur dann, wenn es täglich zwei solcher Konferenzen gäbe, eine am Vormittag und eine nachmittags bis in den späten Abend. So schlimm, dass uns beiden das passieren könnte, wären wir außerdem wirklich nicht.

Leicht getröstet schauten wir uns um. Vor uns lag ein weites offenes Tal, durchsetzt mit Baumgruppen und kleinen Dörfern. Das Tal stieg leicht, später steiler an. Zu den Seiten gingen die Abhänge in eine hohe Bergkette mit steilen, schroffen Felsen über. Es schien kein Entkommen möglich aus diesem schönen Tal. Am Ende des Tales erkannte man einen einzeln herausragenden mittelhohen bewaldeten Hügel. Von Weitem sah es aus, als ob auf seinem Gipfel eine riesige Burg stehen würde. Einzelheiten ließen sich aus der großen Entfernung aber nicht feststellen. Nach zwei Dritteln der Länge des Tales war eine große Wand zu sehen, die von der einen bis zur anderen Seite des Tales reichte. An einer Stelle der Wand stürzte ein kleiner Wasserfall über die Mauer und wurde zum Fluss. Erst später, als wir längere Zeit dorthin marschiert waren, war zu erkennen, dass die Mauer ein Steilhang, eine Felsenwand war, und dass das dahinter liegende Tal entsprechend höher gelegen war. Unser fragender Blick erhielt gleich eine erhellende Antwort. Die Felswand war, so erläuterte fachkundig der Klumpfuß, die Grenze zwischen Hölle und Fegefeuer. Wer in den Himmel wolle, müsse es fertigbringen, sich durch die Hölle an die Felswand vorzuarbeiten und dann diese auch noch ohne Hilfe zu überwinden. Nur so könne er ins Fegefeuer gelangen und erst von dort aus in den Himmel.

Mir zumindest schien das alles nicht allzu schwer, da es vor uns, erkennbar und direkt bis in die Nähe der

Burg, einen breiten, gepflegten Weg gab, der zwar in wildem Hin- und Her sich von Talseite zu Talseite und Hügelauf und -ab dahinwand, aber bei einiger Ausdauer gut begehbar und auch überschaubar weit schien. Statt weiterer Erklärungen nahmen unsere Begleiter aus der anderen Welt uns in die Mitte und wir marschierten los. Vor uns war ein Hügel, hinter dem ein Höllenspektakel losbrach. Geschrei, Gestöhn, Kreischen und das Geklirr von Waffen und zwei brüllende Männerstimmen waren zu hören. Noch bevor wir um den Hügel herumgelaufen waren, um nachzusehen, herrschte Totenstille.

Nun aber begannen unsere Begleiter sich zu zanken. Nicht gerade ernsthaft, aber doch mit einigem Nachdruck. Der Klumpfuß, der mir die ganze Zeit nicht geheuer war und der zwischendurch immer wieder ein ironisches Grinsen aufgesetzt hatte, erklärte Scharnwild, wir beide, Manfred und ich, wir müssten die ganze Hölle erleben, bevor wir zum Himmel dürften. Scharnwild dagegen meinte, eine einzige Station gründlich anzuschauen würde völlig ausreichen. Soviel habe er in den zweieinhalb Jahren Tätigkeit im Fachbereich Sozialwissenschaften doch gelernt. Man müsse nicht alles genau wissen im Leben, um in demselben oder in seinem Beruf zurechtzukommen, exemplarisches Lernen reiche vollständig. Wenn man alle prinzipiellen Aspekte einer Sache bis ins Feinste durchdacht und gelernt habe, könne man das auch auf neue Situationen übertragen. Transferleistung nenne man das.

Der Klumpfuß wollte sich darauf nicht einlassen. Nur wer alles Wissen gespeichert habe, könne reüssieren. Wir Dozenten schauten uns verblüfft an, argumentierte doch der Gehörnte wie alte abgeflogene

Obristen, die selber schon zwei Drittel der notwendigen Kenntnisse vergessen hatten, von ihren Schülern aber die vollen drei Drittel an Kenntnissen verlangten. Manfred machte dann entgegen seinen sonstigen Gewohnheiten einen Kompromissvorschlag. Obwohl man ihm seine Freude ansehen konnte, dass unser Spieß zum ersten Mal, seit wir mit ihm zusammenarbeiteten, eine Ansicht vertreten hatte, die er mit uns teilte, sie möglicherweise sogar von uns übernommen hatte, hielt Manfred drei Stationen für durchaus möglich und erträglich. Da der gehörnte Klumpfuß nachdenklich wurde, schob ich nach, man könne ja aus drei verschiedenen Epochen typische Situationen besichtigen und damit die Kenntnis der Soldatenhölle um wichtige Aspekte der Militärgeschichte ergänzen. Mit einigem Zögern und Bedauern willigte der Herr der Hölle ein und wir einigten uns darauf, die Hölle des Mittelalters, der frühen Neuzeit und des zwanzigsten Jahrhunderts zu studieren, bevor wir zum Himmel zugelassen würden.

Kaum waren wir uns einig, begann hinter dem Hügel der gleiche entsetzliche Lärm, den wir eine Viertelstunde vorher auch gehört hatten. Der Gehörnte grinste und meinte, bei einiger Beeilung könnten wir das Mittelalter gleich um die Ecke herum besichtigen. Nun packte uns denn doch die Neugier und mit großen, langen und schnellen Schritten strebten wir dem Schauplatz des lärmenden Geschehens zu. Gerade bogen wir um ein Gebüsch, das uns die Sicht versperrt hatte, da brach der Lärm aber wieder ab. Uns zeigte sich ein entsetzlicher Anblick, ein Bild des Grauens. Auf einem zerstampften Acker lagen erschlagene und erstochene Menschen herum, teilweise übereinander.

Dem einen steckte ein Pfeil im Hals, der nächste hatte einen aufgeschlitzten Bauch und die Gedärme quollen hervor. Abgeschlagene Arme lagen herum und offenbar vergewaltigte Frauen und erschlagene Kinder, wie auf den alten Bildern vom bethlehemitischen Kindermord, nur dass die offensichtlichen Mörder auch getötet waren.

Als wir angewidert und mit mehr als nur leichtem Brechreiz unsere Reiseführer ansahen und um eine Erklärung baten, ja - wie man früher sagte - sie gebieterisch verlangten, wurden wir vor eine unerwartete Wahl gestellt. Jeder der beiden hatte eine offenbar mit gutem Stoff gefüllte Feldflasche bei sich. Wir würden einen Schluck aus der Flasche wohl brauchen, denn man könne ja sehen, dass wir recht schwache Nerven hätten. „Nur“, sagte Scharnwild, „mein Trank hat einen Nebeneffekt. Wer davon trinkt, muss Gut und Böse, Richtig und Falsch ergründen und kann dann auch nicht mehr so tun, als ob er das Ergebnis seiner Überlegungen nicht mehr wisse.“

Mein rechthaberischer militärischer Kompagnon war schwach in den Knien von dem Anblick, der sich uns bot und hat sofort nach seiner Flasche gegriffen, einen tiefen Schluck genommen und gesagt, das sei schon immer sein größter Wunsch gewesen, genau dieses unterscheiden zu können. Diese dreißig Sekunden, die er die Flasche in den Händen hielt, gaben dem Hinkefuß Gelegenheit, mir seinen Saft anzubieten, mit der Bemerkung, wer diesen trinke, lerne nur, die Realitäten dieser Welt vorurteilslos zu erkennen. Meine eh schon immer hoch entwickelte wissenschaftliche Selbsteinschätzung - wie ich übrigens nach dem ersten Schluck feststellen musste, war diese doch etwas zu optimistisch - veranlasste mich, nach seiner Flasche zu greifen. Waren die Bilder von dieser Stätte des Grauens vorher vor meinen Augen - wohl als Folge des sich ausbreitenden infernalischen Gestanks von Blut und Verwesung - leicht verschwommen, sah ich nun wieder völlig klar und fühlte mich auch reichlich gestärkt, übrigens auch stark genug, von allem einige Fotos zu machen.

In diesem Augenblick begannen sich Mensch und Tier auf dem Kampfplatz langsam zu regen. Wie aus einem tiefen Schlaf erwachend, rappelten sie sich alle wieder auf, sammelten die ihnen gehörigen Waffen, Gegenstände und abgeschlagenen Körperteile ein und zogen langsam und offenbar vom Kampf immer noch erschöpft unter Stöhnen und Ächzen zu einem unter schattigen Bäumen halbversteckten Haus. Dabei sortierten sie sich in zwei Gruppen, jeweils angeführt von einem hochnäsigen und gewalttätig dreinschauenden Mann mittleren Alters - was zu den damaligen mittelalterlichen Zeiten einem Alter von unter dreißig Jahren entsprach - in Plattenpanzern, wie sie im ausgehenden 14. Jahrhundert in Mode kamen. Übrigens waren diese Geräte ziemlich verbeult und zerschunden, wie heutzutage die Erstautos der gerade eben achtzehnjährigen männlichen Führerscheinbesitzer. Den Pfeil noch im Hals, das Schwert noch im Bauch setzte sich diese entsetzliche Gesellschaft auf Bänke, die an gedeckten Tischen standen.

Junge höchst ansehnliche Frauen kamen mit großen Krügen voll Bier und Wein, noch größere Schüsseln in Gestellen, von zwei Männern getragen - man kennt doch das Bild des mittelalterlichen Bosch von der

Dorfhochzeit, ja, genau so – wurde alles in die Mitte der Tische gehievt und schon ging das Fressen und Saufen los. Bunt gemischt saßen sich bald die Todfeinde gegenüber, blutverschmiert, verschwitzt und stinkend, sie soffen, was das Zeug hielt und begannen, schmutzige Lieder zu grölen. Männer griffen den Frauen unter die Röcke, Gekreisch kam auf, die ersten Kinder fingen an zu greinen, es entwickelte sich ein unglaublich tierisches Fest, bei dem die hübschen Kellnerinnen einen gepflegten, unwirklichen Kontrast bildeten.

Mein nun mit der Fähigkeit zur Unterscheidung von Gut und Böse ausstaffierter Stabsoffizierkollege saß da jedoch mit hochrotem Kopf und kurz vor einer Explosion seines zurückgestauten Zorns. Als wieder eine dieser jungen hübschen Frauen mit der Bierkanne herum ging, um einzuschenken, verlor er die Beherrschung und pfiff das arme Mädchen an, was es sich dabei denke, solchen Strauchdieben, Räubern, Vergewaltigern und Mördern überhaupt zu Diensten zu sein. Die junge Frau schaute durch ihn hindurch und machte wortlos weiter. Der Hinkefuß schien etwas zu ahnen und zog eine große Trillerpfeife aus der Hosentasche, und in dem Augenblick, in dem der Kenner der Gerechtigkeit die Kellnerin festhalten wollte, um ihr seine Meinung zu sagen, gab der Hinkefuß auf seiner Pfeife einen so lauten und schrillen Pfiff von sich, dass alles erstarrte. In Windeseile verschwanden die Kellner und Kellnerinnen im Haus und in Sekundenschnelle begann ein mörderisches Geschrei und Getobe. Man rannte zu den Waffen und den Pferden und beide Gruppen waren in kürzester Frist wieder kampfbereit und fielen übereinander her.

Entsetzt sahen wir beide dem wieder einsetzenden Gemetzel zu. Unsere Begleiter hielten uns ihre Flaschen unter die Nase und nach einem kurzen Schluck konnten wir wieder klarer sehen. Nun erfuhren wir auch den Sinn der Veranstaltung. Diese beiden Räuberbanden mussten nun schon seit 630 Jahren jeden Tag mehrmals die Szene wiedererleben, in der sie ihren gemeinsamen mörderischen Untergang organisiert hatten - 630 Jahre lang die gleiche entsetzliche Geschichte erleben als Strafe für Totschlag, Mord, Vergewaltigung und Zügellosigkeit, die sie mit ihren Herren, herunter gekommenen Raubrittern, Zeit ihres Lebens immer wieder begangen hatten.

Der Gastlichkeit zum Hohn gibt diese rohe Meute
gemeinem Wirtshausraub den schönen Namen Beute.

Um nicht zu zahlen, fangen, Feinde aller Ruh,
sie Streit an, stehlen gar die Töpfe noch dazu.

wollen am fremden Gut ihr jähes Mütchen stillen,
hat man gelabt sie und bedient nach ihrem Willen.

Die Plünderung. 82 x 187
Lieure 1342

Wir beide schauten uns an, als ob man uns mit dem Weltuntergang gedroht hätte. Wie sollte man aus dieser Situation auch nur ins Fegefeuer der Soldaten gelangen, viel weniger in ihren Himmel, wenn Verfehlungen so bestraft würden? „Nur dadurch, dass der Einzelne merkt, was er angerichtet hat, und versucht, sich von dieser Mentalität frei zu machen, die zu seinem Verhalten geführt hat," war die Auskunft unserer Reiseführer. Bei der Gruppe, die wir gerade besichtigt hatten, sei allerdings Hopfen und Malz verloren, die würde wohl in alle Ewigkeit ihren Untergang nacherleben müssen, denn es reiche nicht, sich selbst zum Soldaten zu deklarieren. Man müsse auch tatsächlich einer sein. Leider sei es an der Tagesordnung, dass sich viele als solche ausgäben, nur weil sie Waffen oder Uniformen trügen. Zum Soldatsein gehöre eben wesentlich mehr. Wir würden ja selber sehen.

Anstatt nun aber den breiten und bequemen Weg zu gehen, der durch das Tal mäanderte, nahm uns Scharnwild beiseite und empfahl uns einen weniger bequemen Fußpfad. „Es ist nicht nötig, dass wir an allen Stationen dieser Hölle vorbeikommen, hier kommen wir schneller von Epoche zu Epoche." Und so zogen wir im Gänsemarsch weiter, Scharnwild an der Spitze, mein Majorskollege gleich hinterher, ich als Dritter und unser Hinkefuß als Schlusslicht leicht muffig, weil er um den Spaß gebracht war, uns alles zu zeigen. Die Sonne war weiter am Himmel gestiegen und brannte uns jetzt fast senkrecht auf den Schädel. Die Hitze war an der Grenze des Erträglichen für uns unsportliche Schreibtischmenschen und Durst hatten wir auch.

So war die Freude groß, als wir an ein uriges altes Wirtshaus kamen, ähnlich gelegen wie das erste, bei dem dieser schreckliche Kampf stattgefunden hatte. Wir setzten uns unter alte Bäume an klobige Tische und warteten auf die Bedienung. Aber die erschien nicht. So entschloss sich Scharnwild, uns Wein, Bier und kalten Braten zu holen und ich, wieder ein paar Fotos zu schießen.

Aber noch bevor wir den ersten Schluck nehmen konnten, holte Hinkefuß sadistisch grinsend seine Trillerpfeife hervor und ließ gellende Pfiffe hören. Sofort verwandelte sich die Szene. Aufgescheuchte Frauen schleppten von allen Seiten Säcke mit Korn, Brote, geräucherte Schinken ins Haus. Selbst Tiere wurden hineingetrieben. Männer kamen gelaufen mit Musketen auf der Schulter, Spießen unter dem Arm, brachten sich in Positur und luden umständlich die Waffen. Alle sahen gesund und wohlgenährt aus. Doch schon kurze Zeit später sah man den Grund für die Aufregung. Völlig zerlumpte Landsknechte, abgemagert bis auf die Knochen, kamen in einem wilden Haufen auf das Haus zugestürmt. Sie wurden von einer Musketensalve der Verteidiger gestoppt. Der Hinkefuß erklärte uns, dass es Plünderer und Marodeure seien, die nach dem Frieden von Münster 1648 als entlassene Soldaten versucht hätten, sich durch die Fortsetzung des Krieges auf private Rechnung durchzuschlagen. In dem völlig ausgesogenen Land sei eine solche Wohlstandsenklave wie diese Gasthofgesellschaft für sie die letzte Chance zum Überleben, weil sie für ehrliche Arbeit zu faul und verdorben durch den Krieg seien. Mangels besserer Fähigkeiten und

Kenntnisse würden die Landsknechte das Haus stürmen und sich über Nahrung und Frauen hermachen. So geschah es denn auch - fast. Denn kaum hatten sie die Hausbewohner samt Frauen und Kindern niedergemacht, hatten ihr letztes Fässchen Schießpulver in der Gaststube deponiert, kam von der anderen Seite ein zweiter Haufen gleicher Art, sogar mit den gleichen Fahnen, als ob beide Gruppen in früheren Zeiten im gleichen Regiment gekämpft hätten.

Noch bevor ich nachfragen konnte, bestätigte Hinkefuß meine Vermutung, dass die zweite Gruppe wohl ebenso verhungert sei wie die erste und nun ein Kampf um die Beute stattfinden werde. Die Verteidiger schossen nun aus den Fenstern, wurden dann von den Kämpfern draußen wie beim Budenschießen wegputzt. Mal gab es einen Ausfall mit mörderischem Geschrei, bei großen beiderseitigen Verlusten, mal versuchten die Belagerer zu stürmen. Nur noch zwei, drei im Haus hatten überlebt, als vor demselben sechs Mann versuchten, eine Feldschlange in Stellung zu bringen. Es gelang mit Mühe, drei wurden dabei getroffen und lagen mit zerschossenen Gliedern sehr unmalerisch neben dem altertümlichen Geschütz. Zwei weitere traf es beim Laden und als die Spießgesellen drinnen den letzten draußen schwer verwundeten, grölten sie ihren Sieg in das ansonsten stille Tal. Dem Verwundeten gelang es aber noch, die Lunte anzulegen, bevor er wie seine Gesellen verreckte. Das Geschoss krachte ins Haus, traf das Pulverfass der Verteidiger. Eroberer, drei Sieger und alles, buchstäblich alles flog in die Luft: das Haus, die ermordeten Bewohner, die im Kampf Getöteten, alles flog in seine

Teile zerlegt durch die Gegend, uns wurden die unbenutzten Krüge weggefegt ebenso wie Tische und Bänke. Mit einem Mal standen wir in der freien Landschaft und alles, was wir heil gesehen hatten, lag in Trümmern um uns herum.

Scharnwild drängte zum Aufbruch. Wir hätten ja schon einmal gesehen, wie alles auf Pfiff sich wieder zusammensortiert und die Qual von Neuem los gehe. Das könnten wir uns sparen und die Zeit für Besseres aufbewahren. Kollege Eisenbart reagierte leicht ungehalten. Er sei Luftwaffenoffizier, Raketenspezialist, er könne diese endlose Fußlatscherei nicht ab. Diese Art von Militärsport gehöre zum Heer. Die seien ja immer noch der Meinung, dass man mit der Flinte und zu Fuß die Welt erobern könne. Für einen modernen, technikorientierten Offizier sei das eine ziemliche Zumutung. Hinkefuß schaute ihn nur von der Seite an und fragte, ob er nun den Himmel sehen wolle oder nicht? „Natürlich", war die Antwort und so zogen wir in alter Reihenfolge den Trampelpfad weiter, mein Major mit Scharnwild über Gerechtigkeit und Strafe diskutierend.

Das Anschauungsmaterial dazu bekamen wir nach kurzer Zeit zu sehen. Wieder war es mit viel Lärm verbunden, allerdings nicht als explosives Zerstörungsdrama. Wir hörten Trommelschlag, Fanfarensignale, Kommandos und Wehklagen. Als wir näherkamen, sahen wir einen sehr großen alten Baum, der seine dicken Äste als Solitär weit ausbreitete. Darum herum standen viele Männer, die meisten wie eine zum Appell angetretene Kompanie. Zirka zwei Dutzend standen wie ein verlorener Haufen innerhalb eines Kreises. Direkt unter dem Baum konnte man eine Trommel sehen und eine Leiter, die in den Baum hineinragte. Ein Geistlicher stand dort und drei Offiziere. An der einen Seite des Kreises standen die Fanfarenbläser, an der anderen der Tambour, der nun auf ein Zeichen des älteren Offiziers sein Signal schlug. Daraufhin traten zwei Männer vor, legten Kleider und Schuhe, Gürtel und andere persönliche Gegenstände ab. Der zweite Offizier gab ihnen einen ledernen Becher mit vier Würfeln. Jeder hatte drei Würfe frei. Wer die meisten Augen würfelte, durfte sich wieder anziehen, seine Sachen an sich nehmen und auf die linke Seite treten. Er hatte sein Leben erwürfelt. Der zweite Mann wurde nun vom Geistlichen angesprochen, wandte sich aber sofort schroff ab. Er wurde von zwei Soldaten gepackt, die Leiter hochgezwungen. Sie legten ihm einen an dem benachbarten Ast befestigten Strick um den Hals und stießen ihn von der Leiter. Dort schaukelte er mit gebrochenem Genick vor sich hin. Kaum war das geschehen, mussten die nächsten zwei Männer an die Trommel treten und die ganze Prozedur wiederholte sich.

Wir waren fassungslos, aber unser teuflischer Führer hatte eine Erklärung für uns. Alle Delinquenten hatten als Soldaten geplündert, gemordet, vergewaltigt und den Gehorsam verweigert. Es sollte nicht nur ihre gerechte Strafe für ihre Untaten sein, die durchs Würfeln Geretteten sollten bei Rückkehr in ihre militärische Formation als drohendes Beispiel für die Folgen solchen Verhaltens zur Disziplinierung der Truppe beitragen. Diese musste ein Stück entfernt dem Geschehen zusehen.

Uns reichte das Gesehene. Wir waren vom Anblick der ruhigen kaltschnäuzigen Art der Exekutionen und dieser brutalen Methode zur Erzwingung von Gehorsam und Disziplin starr vor Entsetzen, wollten sofort weiter. Wir mussten nun wirklich nicht noch zwei solcher Exekutionen miterleben. Aber als wir einige hundert Meter weiter gegangen waren, drehte ich mich doch um. Die Zeremonie ging wohl ihrem Ende entgegen, denn rund um den Baumstamm baumelten jetzt die Exekutierten wie die Würste in der Räucherkammer der geplünderten Bauernhäuser. Dann gab es einen Pfiff von Hinkefuß und der Spuk war vorbei.

Ich hatte schreckliche Vorahnungen davon, was wir wohl aus dem zwanzigsten Jahrhundert zu sehen bekommen würden. Und so kam es dann auch. Selbst in der Erinnerung an das Gesehene wird mir noch übel. Deshalb will ich nur ganz kurz und grob, ohne die schrecklichen Details die Geschichte erzählen, die wir zu sehen bekamen. Der Lärm der Waffen und das Geschrei und Weinen von Frauen und Kindern klingen mir immer noch entsetzlich in den Ohren. Es waren zwei Szenen mit gleicher Besetzung bei den Männern. Nur die Frauen und Kinder und die wehrlosen Alten und Kranken im Geschehen waren andere. Die erste Szene spielte in der Ukraine im Sommer 1941. Wehrmachtssoldaten hatten eine größere Ortschaft umstellt, aus der heraus sie angeschossen worden waren. Sie drangen dort ein, durchsuchten alle Häuser, trieben die Einwohner vor sich her in eine Scheune, erschossen, wer nicht schnell genug vor ihnen herlaufen konnte. In Nebengassen konnte man tierische Vergewaltigungsszenen sehen. Vom nahen Wald wurde geschossen, sowjetische Soldaten versuchten im Gegenangriff, das Dorf zurück zu erobern, aber ohne Erfolg. Sie mussten hilflos mit ansehen, wie ihre eigenen Frauen und Kinder in die Scheune getrieben wurden und wie dann die Soldaten sie anzündeten, die Scheune in Flammen aufging. Mir drehte sich der Magen um. Ich konnte nicht mehr hinschauen.

Hilfesuchend griff ich nach der Feldflasche von Hinkefuß. Der grinste mich boshaft an: „Aus Büchern solche Weisheiten unter deine Offiziere bringen und über Militär moralisieren, das kannst du, aber wenn es nur ans Zuschauen geht, bist du schon zu sensibel." „Das

Schreckliche wird offenbar nur durch die eigene An-
schauung und Erfahrung wahr", dachte ich und drehte
mich zu Eisenbart um, der offenbar genauso fassungslos wie ich mit Scharnwild diskutierte. Er habe es ja
nie so richtig glauben wollen, was sein Kollege über
diese Seite des Krieges erzählt habe, auch wenn er es
in den Büchern habe nachlesen können. Da sehe man
aber auch, wie wichtig es sei, die bundesdeutsche Armee nach anderen Grundsätzen aufzuziehen. Er
machte noch einige despektierliche Bemerkungen
übers Militär im untergegangenen Ostblock - es ist ja
Jahrzehnte her, dass wir die Reise gemacht haben und
damals war nicht abzusehen, dass das Ende real sozia-
listischen Militärs bevorstand - und wollte weitergehen, als der zweite Teil des Entsetzens über uns her-
einbrach.

Ich kann es noch kürzer machen. Ein Dorf in Ost-
preußen, gerade von der sowjetischen Armee erobert.
Die Soldaten im Blutrausch außer Rand und Band,
aber die gleichen Männer wie im Jahr 1941, die zusehen mussten, wie ihre Familien abgeschlachtet wurden. Diese sowjetischen Soldaten ziehen jetzt mor-
dend, plündernd, vergewaltigend durchs Dorf und die
deutschen Mörder von 1941 müssen hilflos zusehen,
wie nicht etwa irgendwelche fremden Frauen und Kinder hingeschlachtet werden, nein, sie müssen mit ansehen, wie ihre eigenen Familien umgebracht werden.
„Es ist schon der zweite Teil ihrer Hölle", meinte
Scharnwild. „Zu ihren Lebzeiten konnten sie ihren
bestialischen Sieg nicht reklamieren, weil sie merkten,
dass sie sich damit von ihrer Gesellschaft, ja selbst von
ihren Familien isolierten und über ihre Niederlage
konnten sie aus Stolz und ideologischem Hochmut

nicht reden. Sie mussten das Erlebte tief im Innern vergraben und agieren es jetzt umso brutaler tagtäglich aus."

Mir ist noch heute benommen im Kopf, wenn ich an diese Szenen denke und daran, dass sie nun schon seit Jahrzehnten immer wieder, tagtäglich nach dem gleichen Schema von den Mordgesellen beider Seiten nacherlebt werden müssen - ohne Hoffnung auf ein Ende -; denn Einsicht in das eigene Tun war bei keinem der Akteure zu erkennen, nur der Hass und die Mordlust glänzten in ihren Augen.

Ich war heilfroh, als wir weiterzogen und nun bald die Felswand erreichten, die quer zum Tal verlief. Wir kamen an dem Wasserfall vorbei und konnten uns bei der schlimmen Nachmittagshitze etwas erfrischen. Essen hätten wir trotz unseres Hungers nicht können, so sehr waren uns die letzten Erlebnisse auf den Magen geschlagen. Scharnwild kannte eine bequeme Treppe in der Felswand, so dass wir nicht klettern mussten. Es war trotzdem anstrengend genug, denn wir mussten 365 Stufen steigen.

Neben uns hingen Männer in verschiedenen Uniformen vergangener Zeiten in der Felswand und mühten sich, Zentimeter für Zentimeter aufwärts. Als wir oben ankamen, sah ich direkt neben uns einen von ihnen in geschniegelter Reichswehruniform, verschwitzt und abgekämpft. Als er uns das Gesicht zuwandte, erkannte ich, nach den alten Fotos von ihm, General von Seeckt. Gerade als er sich über den Rand legen wollte und glaubte, es geschafft zu haben, aus der Soldatenhölle ins Fegefeuer zu gelangen, stand dort ein kleiner Teufel und fragte ihn etwas. Seeckt gab Antwort, der

Teufel nickte. Dann war ich so nahe herangekommen, dass ich mithören konnte. Der Teufel fragte ihn nun, wem er denn gedient habe. „Dem Kaiser“, war die Antwort und dann: „Der Armee nach dem großen Krieg.“ „Und wem hättest Du nach dem Krieg dienen sollen?“ „Dem Kaiser und der Armee“, war wieder die Antwort. „Falsch“ sagte der Teufel. Seeckt überlegte einige Zeit und antwortete ein zweites Mal fragend „Der Republik und der Verfassung?“ „Ja“, antwortete der Teufel. „Niemals!“ kam es von den zusammengebissenen Lippen. „Dann marsch, zurück!“ schnauzte der kleine Teufel, trat dem abgekämpften alten Herrn auf die Finger, dass er losließ und mit einem angstgrellen Schrei die Felsmauer hinunterfiel. Man hörte es unten merkwürdig aufklatschen, näheres sehen konnte ich aber nicht. „Es tat nur weh“, sagte hinter mir der Hinkefuß, „er wird sich bald wieder berappeln und von neuem mit dem Klettern beginnen.“ „Ob er dann jemals herauskommt?“ Meine Frage wurde nur mit einem Schulterzucken beantwortet. Gleiches geschah mit dem alten Chef des Generalstabs zu Kaiser Wilhelms Zeiten, Graf Waldersee. Er hatte in internen Schriften gegen Parlament, Demokratie und Sozialisten gehetzt: „Wir brauchen eine kleine Armee, zuverlässig und gut bezahlt, die auf Befehl die Kanaille zusammenschießt.“ Auch er weigerte sich hier schon zum wiederholten Mal seine Ansichten zu revidieren, mit den Worten „Ja doch, die Kanaille zusammenschießen!“, und wurde jedes Mal wieder zur Hölle geschickt. „Standfestigkeit ist bei Militärs zu oft mit Uneinsichtigkeit verkoppelt. Wenn Sturheit dazukommt...“ Ohne den Gedanken rund auszusprechen, drängelte der Seibeiuns zum Weitergehen, weil unsere

Kompagnons schon ein gutes Stück weitergelaufen waren und wir uns nun sputen mussten, um sie nicht zu verlieren.

Als wir sie wieder erreicht hatten, schien Scharnwild schon zu ahnen, was ich ihn fragen wollte, denn er sagte, bevor es dazu kam: „Voraussetzung, aus der Hölle herauszukommen, ist nicht, dass man weiß, warum man hineingeraten ist, sondern dass man sein Verbrechen einsieht, es bereut und bereit ist, das Seine dazu zu tun, um in Zukunft Schlimmes auf der Welt zu verhüten." „Als Toter?", fragte ich. Er brummte nur, ich würde es schon merken und wir zogen weiter, bis wir an den Fuß des Berges kamen, auf dem ich zu Anfang das burgähnliche Gebilde gesehen hatte. Nun lag die ganze Anlage vor unseren Augen. Das war offensichtlich der Soldatenhimmel. „Das ist nicht nur ein christlicher Himmel, er ist auch ziemlich deutsch dominiert. Es sei ja eine Belohnung für die anständigen Soldaten, dort aufgenommen zu werden, deshalb müsse er auch eine gewisse kulturelle Nähe anbieten. Für Franzosen oder Amerikaner sieht daher der Himmel und das dortige Alltagsleben auch anders aus. Wer könne sich einen französischen Offizier beim British breakfast mit bacon, baked beans und sausages vorstellen oder einen an seine Antipasti gewohnten Italiener bei Kassler Kotelett, Grünkohl und Bratkartoffeln? Die Hauptnahrung seien zwar Nektar und Ambrosia, aber an den hohen christlichen Feiertagen gibt es doch ein traditionelles Festessen. Es gibt also verschiedene Himmel? Nicht nur den einen für die Guten?" „Ganz so verschieden sind diese Himmel ja nicht, aber sie müssen eine je andere historische Erfahrung und Soldatentradition berücksichtigen. Am besten stellt man sich diese Himmel als Einheit vor, die aber unterschiedlich gesehen und erlebt wird."

Über der Anlage lag ein merkwürdiges Licht, das alles etwas verschwommen erscheinen ließ. Man konnte aber verschiedene, zum Teil recht große Gebäude erkennen. Sie erinnerten ein wenig an Kirchenschiffe oder große Festhallen und sie waren alle in einem je eigenen Stil gebaut. Sie lagen so dicht beieinander, dass man vermuten konnte, sie seien eng miteinander verbunden, sodass man von einem ins andere wechseln konnte, ohne ins Freie treten zu müssen. Die Fassade des Hauptgebäudes war im klaren Stil des Berliner Klassizismus gegliedert und ein mächtiger Säulenportikus ließ bei den Proportionen Schinkels sichere Handschrift erkennen. Durch Säulen und den Eingang ließ sich eine barocke Eingangshalle vermuten. Das Hauptgebäude selbst schien eine beträchtlich große Halle zu sein. An deren rechter Seite gab es einen frühklassizistischen Anbau von zwei Etagen Höhe, wovon das Parterre offenbar eine größere Innenraumhöhe hatte.

Es gab ein Schilderhaus mit Schlagbaum, davor einen etwas größeren Bau, der an den Konservatorenpalast in Rom erinnerte, aus dem Dampfschwaden aufstiegen. Das sei die Bade- und Waschanstalt, wurden wir belehrt. Dort hätten sich die verdreckten und abgekämpften Soldaten, die aus Hölle und Fegefeuer kämen, erst einmal zu säubern und ihre Uniformen zu reinigen und zu reparieren. Denn auch wenn die Hierarchie vom Erdenleben im Himmel nicht mehr gelte, es also nicht auf die Pracht der Uniform ankäme, auch der Grußzwang abgeschafft sei, sauber und ordentlich und mit dem historisch korrekten Haarschnitt müsse man schon auftreten, um überhaupt vorgelassen zu werden.

Wir schauten uns nun genauer um. Aus einem großen, dunklen Höhleneingang floss leicht gurgelnd über runde große und kleine Kiesel ein Bach. Er wurde in einem kunstvoll gemeißelten Becken von der Größe einer barocken Brunnenanlage gesammelt. Von dort trat ein Teil des Wassers ins natürliche Bachbett zurück und nun konnte man auch sehen, dass es derselbe Bach war, der - sich vergrößernd durch die Zuflüsse von den Berghängen - durch das ganze Tal dahinzog. Der geringere Teil des Wassers wurde über eine schmale gemauerte Rinne in die Badeanstalt geleitet und versorgte diese offensichtlich mit dem notwendigen Nass. Rechts und links um den Brunnen herum führte je eine breite, bequeme und repräsentativ geschwungene Treppe so den Hügel hinauf, dass sich beide auf einem Absatz oberhalb des Höhleneingangs wieder trafen. Von dort aus, in einem zweiten Anlauf, stieg die Treppe bis zum weiten Eingang des Gebäudekomplexes weiter an.

Hier nahm ich mir doch die Zeit, mich umzudrehen und einen Blick über die ganze Landschaft zu werfen. Auf unserem Weg hierher war ja ein richtiger Überblick nicht möglich gewesen, weil immer wieder Baumgruppen oder die Ensembles der Wiederaufführung der alten Gewaltszenen den Blick verstellten. Es war eine weite, hügelige Ebene, rechts und links durch unüberwindbare Hochgebirgsketten begrenzt, die sich nach Norden hin öffnete und dort im Dunst des Nebels verschwand. Unsere Stationen waren nur noch zu ahnen. Der Blick aber verschaffte mir ein Hochgefühl und die Vorstellung großer Übersichtlichkeit.

Der Höhleneingang war mit Figuren und Verzierungen geschmückt, die mich sehr an barocke Grotten in alten Schlossanlagen erinnerten. Meine Neugierde und Vorliebe für solche künstlichen Gewölbe war so stark, dass ich der Versuchung nicht widerstehen konnte und mich anschickte, hinein zu spazieren. Scharnwild hielt mich aber erbost zurück. Er habe sich nicht die Mühe gemacht, mich hierher zu bringen, damit ich, statt in den Himmel zu gelangen, in dieser Höhle verschwände. Wer dort hinein gehe, komme nie wieder heraus. Und außerdem, Soldaten hätten da sowieso nichts zu suchen. Also machte ich eine Kehrtwendung und wandte mich statt dunklen Grotten und geheimnisvollem Dämmer der uns umgebenden Wirklichkeit zu. Auch hier versäumte ich nicht, alles im Bild fest zu halten.

Das rege Treiben überraschte mich denn doch, denn an die hundert Soldaten vergangener Jahrhunderte waren dabei, sich auf ihre große Stunde vorzubereiten. Einige hatten ihre Kleidung und sich selbst schon herausgeputzt, einige saßen auf Schemeln und wurden von Barbieren und Frisören nach der Mode ihrer Zeit barbiert und frisiert. Andere warteten darauf, dranzukommen. Wieder andere schienen Reden einzuüben, wohl in der Hoffnung, wohlgesetzte Worte könnten die Türen zum Himmel öffnen.

Scharnwild machte uns darauf aufmerksam, dass auch berühmte Leute darunter seien. Ich kannte allerdings keinen von Ansehen und bedauerte nun noch mehr als sonst, dass Bilder generell und Portraits von historischen Persönlichkeiten von Historikern unterschätzt werden und dass Verleger historischer wissenschaftlicher Werke noch eins drauflegen, weil sie Reproduktionen in solchen wissenschaftlichen Werken für zu kostspielig halten. So konnte ich mit keinem der Gesichter etwas anfangen und musste mich mit der allgemeinen Auskunft von Scharnwild zufriedengeben. Heute haben wir es einfacher, im Internet können wir von nahezu allen wichtigen Personen der Geschichte ihr Portrait abrufen.

Nun fand eine bemerkenswerte Veränderung statt. Unser Hinkefuß war bei weitem nicht mehr so selbstsicher wie in seinem eigenen Revier. Er war blass und schwach geworden. Plötzlich, ohne sich auch nur zu verabschieden, lief er in Richtung Hölle davon. Scharnwild dagegen war richtig aufgeblüht. Die Helligkeit um seinen Kopf war zu einem veritablen Heiligenschein geworden und ihm wuchsen zwei kräftige Flügel aus den Schulterblättern. Völlig verdutzt sahen wir beide ihn an und mit einem bisschen Stolz einerseits, ein bisschen Verlegenheit andererseits, sagte er: „Hier bin ich eben zuhause." Nun nahm er uns Dozenten an die Hand und ging auf den Schlagbaum beim Schilderhaus zu. Letzterer öffnete sich automatisch für uns und wir stiegen nun zu Dritt diese wunderbare geschwungene Treppe hinauf. In den Nischen des Geländers standen Bildhauerarbeiten von einer solchen Schönheit und von einer solchen ästhetischen Perfektion, dass es mir den Atem verschlug. Major Eisenbart begann nun aber zu drängeln. Ihn interessierten diese überwältigenden Kunstwerke nicht - was übrigens ein generelles Problem von Militärs zu sein scheint - er wollte jetzt ganz schnell in den Himmel. Nur mit Mühe gelang es mir, Scharnwild und Eisenbart zu einem gemäßigten Tempo zu veranlassen, denn Scharnwild kannte das alles ja zur Genüge und wollte nun offenbar auch schnell weiter in sein Zuhause.

Immerhin erfuhr ich, dass dies alles Kunstwerke waren, die im Kriege von Soldaten unwiederbringlich zerstört worden waren. Mir stach eine nicht ganz zu Ende gearbeitete Jünglingsfigur in Marmor ins Auge. Sie strahlte geradezu Aufmerksamkeit, Zuwendung, ja Liebe aus. Es war eine der letzten Arbeiten Michelangelos, in der er seinen Liebling und Schüler portraitiert hatte und die von deutschen Landsknechten beim Sacco di Roma in seinem Atelier zerschlagen worden war. Es gäbe noch ganze Magazine voll von solchen Arbeiten und sie würden auf dieser Prachttreppe in wechselnden Ausstellungen gezeigt. Auf meine Frage hin erfuhr ich dann auch noch die Systematik der Auswahl: Es würden immer all die alten Sachen ausgestellt, welche diejenigen, die an demselben Tag um ihre Aufnahme in den Himmel vorsprechen, zu ihren Lebzeiten zerstört hätten. Das erklärte nun auch, warum diese Werke aus so unterschiedlichen Epochen stammten und thematisch kaum zueinander passten. Ja, Bilder könne man hier draußen wegen der Witterung nicht präsentieren, die würden in der Eingangshalle zu sehen sein.

Wir näherten uns nun dem Eingang zum Himmel, der unter einer Vorhalle herausschaute, die auf mächtigen Säulen ruhte, so wie bei antiken Tempeln, nur einige Dimensionen größer. Unter dem Säulenportal stand ein prächtiger, massiver Tisch mit fünf repräsentativen Armstühlen, darin fünf Herren, die offensichtlich ihrer Bedeutung bewusst waren. In der Mitte saß, deutlich erkennbar, der alte Scharnhorst, rechts von ihm ein großer würdiger, prachtvoll gekleideter, mir unbekannter Mann - Montecuculi, wie mir Scharnwild zu flüsterte. Auf der Linken saß unverkennbar etwas griesgrämig aber dienstfreudig der berühmte Carl von Clausewitz und zu dessen Linken wieder einer, auch noch ein Zivilist, den ich erst im letzten Augenblick als den Militärhistoriker Delbrück erkannte, der Delbrück übrigens, der sich mit den Offizieren der historischen Abteilung des Großen Generalstabes zu Kaisers Zeiten über strategische Fragen herumgestritten hatte und den die Militärs für inkompetent erklärt hatten. Auf dem fünften Stuhl räkelte sich ein offenbar einfacher Soldat in der Uniform der KuK-Monarchie des Ersten Weltkrieges. Es war der auf ganz andere Weise berühmte Soldat Schweijk, seines Zeichens Offiziersbursche.

„Das ist das Vorprüfungskomittee", erklärte Scharnwild. „Das ist wie beim Bundesverfassungsgericht. Dort prüft der Richterausschuss, ob eine Verfassungsklage zulässig ist und Aussicht auf Erfolg hat. Hier müssen die Himmelsaspiranten ihre Gründe präsentieren, warum sie glauben, dass man sie aufnehmen müsse und außerdem müssen sie Rede und Antwort stehen. Wer lügt, landet sofort in der Hölle. Montecuculi, der Generalfeldmarschall aus Österreichs uralten Tagen ist hier Staatsanwalt, General von Scharnhorst ist Richter mit alleiniger Entscheidungskompetenz, General von Clausewitz ist Protokollant und der Professor Delbrück ist als militärhistorischer Sachverständiger tätig, wenn es wirklich einmal zu einer Streitsache kommt." „Schweijk ist Schöffe und muss den gesunden Menschenverstand und die Friedfertigkeit

einfacher Bürger und wehrpflichtiger Soldaten reprä-
sentieren und darüber urteilen, ob Vorgesetzte anstän-
dig mit ihren Untergebenen umgegangen sind", ergänzte Scharnwild noch.

Dann wurden mein Kollege Eisenbart und ich den
würdigen Herren vorgestellt, wobei mir Clausewitz ein
paar anerkennende Worte ins Ohr flüsterte, weil ich in
meinen Schriften auf ein paar wichtige Dinge über ihn
hingewiesen hatte, die andere zu überlesen für besser
hielten. Als wir weitergehen wollten, hielt mich Montecuculi am Ärmel fest: „Sie kennen doch von früher
her den damaligen Hauptmann Sanderuth? - Wissen
Sie, den, bei dem Sie als Reserveoffiziersanwärter ihren Fahnenjunkerlehrgang in Taktik gemacht haben.
Der kommt heute schon das dritte Mal und will aufgenommen werden. Er ist brav, einsichtig, alles was man
will, aber er findet seinen Fehler nicht, der ihm den
Eintritt in den Himmel verwehrt. Vielleicht können
Sie uns dabei etwas helfen." Kaum hatte er zu Ende
gesprochen, kamen die ersten, die Einlass begehrt hatten.

Sanderuth wurde aufgerufen. Er stellte seinen Antrag.
Er wolle nur in die Halle der Moral, er wisse, für die
Halle der Befähigung hätte es bei ihm nie gereicht.
Aber er habe immer brav als Infanterist gekämpft, nie
geraubt, geplündert oder vergewaltigt, habe sich immer kameradschaftlich verhalten und bis zur Gefangennahme am 2. Mai 1945 durchgehalten. Danach bei
der Bundeswehr habe er sich genauso verhalten, er
habe nie falsche Zustandsberichte geschrieben, keine
Unterschlagungen gemacht und die Reisekosten auf
Heller und Pfennig abgerechnet. Er wisse, dass er als

Ausbilder keine Leuchte gewesen sei. Er hätte den jungen Leuten nicht das Fischen mit Dynamit beibringen sollen. Auch sei sein Taktikunterricht nicht immer gut vorbereitet gewesen, weil er sich mehr für die Bocksjagd interessiert habe als für die Theorie. Ja, es stimme, dass er im Eifer des Gefechts beim Taktikunterricht zwischen Braunschweig und Lüneburg 30 Atombomben platziert und dass er auch ein ganzes Panzerbataillon in den Sumpf geschickt habe. Er bereue es zutiefst, er habe aus den Fehlern gelernt. Aber andere habe er nicht gemacht seines Wissens.

Montecuculi wandte sich an mich. „Er lügt nicht", sagte er, „aber er hat einen handfesten Fehler ganz vergessen." Ich platze dazwischen: „Meinen Sie denn, dass er in der Planübung beim Gegenangriff dann eine ganze Panzerbrigade über die Versorgungspunkte und den Verwundetensammelplatz gejagt hat, weil dort auf der Landkarte noch Platz für Bewegung schien?" „Mein Gott", sagte Sanderuth, „ja, so war's, und der Typ da hat mich deshalb ausgelacht, was ich ihm furchtbar übelgenommen habe." „Geschafft", meinte Scharnhorst. Clausewitz gab zu Protokoll, dass der Hauptmann berechtigt sei, in der Halle der Moral im Himmel zu wohnen. Delbrück schnarchte vor sich hin, weil er zu diesem Fall nichts sagen konnte, hatte er doch erst nach seiner Zeit auf Erden stattgefunden.

„Man wisse schon, dass man bald einen Spezialisten fürs 20. Jahrhundert brauche, man wisse auch schon wen. Es sei ein exzellenter Kenner des 20. Jahrhunderts aus dem Militärgeschichtlichen Forschungsamt, lange Zeit dessen Leiter. Pensioniert sei er schon, leider aber trotz seines beachtlichen Alters noch so fit, dass man sich auf Jahre noch ohne ihn behelfen müsse," meinte Scharnwild.

Nach kurzer Beratung wurde nun Sanderuth mitgeteilt, was er vor seinem Einzug in die Halle der Moral noch zu leisten habe, um seine Fehler wieder gut zu machen. „Sie gehen nach Hamburg an die Führungsakademie als G 3 des Fachbereiches Führungslehre Heer und bringen den Fachbereichsleiter zur Einsicht, dass die traditionelle Ausbildung des Generalstabes überholt ist und zeigen ihm, was zu tun ist." Sanderuth versprachs, aber: „Wie soll ich das in den zwei Jahren hinkriegen, die ein G 3 auf dem Posten ist, wo ich für den Fachbereichsleiter doch nur ein HiWi bin und er sich nach oben und am Ministerium statt an der Sache orientiert?" „Stimmt!" meinte Clausewitz, „das können wir ihm nicht antun, dann können wir ihn auch gleich wieder in die Hölle schicken." Man beriet sich kurz und dann wurde das Urteil revidiert: „Die Aufgabe bleibt, aber Sie können in jede beliebige Person der Führungsakademie schlüpfen, auch in die eines Vorgesetzten und Sie können Ihre Befehlsbefugnisse als Vorgesetzter zu diesem Zweck voll ausschöpfen." „Auch als Kommandeur der Akademie?" „Ja, auch als Kommandeur" „Gut, dann will ich es versuchen." Scharnhorst schickte uns dann in das große Haus. Wir würden uns später in der Bibliothek sprechen.

Von sechs weiteren Aspiranten haben wir noch das Aufnahmeverfahren miterlebt. Es waren Soldaten, die im Zweiten Weltkrieg ihre moralischen Grundsätze nicht verraten hatten. Die beiden Offiziere, Major Liedtke und Oberleutnant Battel, haben die in ihrem Zuständigkeitsbereich lebenden sogenannten Arbeitsjuden dem Mordkommando der SS nicht ausgeliefert solange sie vor Ort die Befehlsgewalt hatten. Feldwebel Schmidt hatte der jüdischen Untergrundbewegung in Litauen und Polen mit Material, persönlichem Einsatz, sogar mit Waffen und Munition geholfen und dafür mit seinem Leben bezahlt. Werner Stoß sollte im Russlandfeldzug eine Gruppe russischer Kriegsgefangener zur fünf Kilometer entfernten Gefangenensammelstelle eskortieren, mit der ausdrücklichen Anweisung, er habe in fünf Minuten wieder zurück zu sein. Er hat die Gefangenen frei gelassen und für jeden eine Kugel in die Luft geschossen. Der Gefreite Müller hatte auf einen Mordbefehl seines Offiziers schlicht geantwortet: „Ich bin Soldat und kein Mörder." Hat sich umgedreht und den Offizier stehen lassen. Etwas komplizierter war die Aufnahme des Leutnants Schulze. Er war im April 1945 zum Kompaniechef einer Hitlerjungenkompanie gemacht worden und sah, wie in seinem schlesischen Einsatzgebiet die sowjetischen Streitkräfte immer näherkamen. Er wollte um jeden Preis den Einsatz seiner Kindertruppe vermeiden. Er wurde von der Kapitulation überrascht, war umgeben von jubelnden russischen Einheiten. Er wusste, dass Böhmen und Mähren den Amerikanern zunächst als Besatzungsgebiet zugewiesen worden waren und wollte verhindern, dass seine Jugendlichen in sowjetische Gefangenschaft kämen. So organisierte er Fahrzeuge, genug Sprit für seine Absicht, verfrachtete seine Truppe darauf und vergatterte sie, auf sein Kommando hin in die Luft zu schießen. Die Sowjets waren entsetzt, dachten, es seien weitere Kämpfe und ließen die Kolonne über die Grenze.

Dieses Manöver half nicht, weil die Amerikaner die Kindersoldaten den Sowjets doch auslieferten und nun der Leutnant als Kriegsverbrecher viele Jahre in russischer Kriegsgefangenschaft festgehalten wurde. Objektiv war das nach den Buchstaben des Kriegsvölkerrechts zu Recht. Es musste also entschieden werden, ob dieser Rechtsbruch die Aufnahme in den Himmel verhindern sollte. Er wurde zugelassen, weil er alle Vorsichtsmaßnahmen getroffen hatte, dass keiner zu Schaden kommen konnte und weil seine Absicht gewesen war, die Jugendlichen vor der von allen gefürchteten sowjetischen Kriegsgefangenschaft zu bewahren.

Leider konnten wir keine weiteren Aufnahmeverhandlungen mitverfolgen, obwohl zumindest ich gerne dabei gewesen wäre, denn gegen Ende der Zeremonie sollten auch die ersten Bundeswehrgenerale unter den Aspiranten erscheinen. Später hat uns Scharnwild vom Ausgang der Generalsprüfung erzählt. Graf Baudissin sei nahezu selbstverständlich akzeptiert worden. Seine Arbeit für eine demokratieverträgliche Bundeswehr und später als Direktor des Instituts für Friedensforschung in Hamburg habe alle überzeugt. Man habe nur gestutzt und sich ein wenig gewundert, warum er so große Probleme gehabt habe, um seine Aufnahme zu bitten. Sein Adelsstolz sei wohl noch ziemlich groß. Aber da das Gremium ja auch von adeligen Offizieren dominiert sei, ist er wohl damit auf Verständnis gestoßen.

Der zweite General, de Maizière, habe zwar ähnliche Verdienste für die Bundeswehr reklamiert, sei damit aber nur in Grenzen akzeptiert worden. Abgelehnt wurde er aber, weil er in seinen Memoiren seine Rolle im Russlandkrieg nicht wirklich offengelegt habe: er habe angeblich von den Kriegsverbrechen nichts gewusst! Tatsächlich habe er in den Dienststellen bei der Truppe und in Stäben durch seine Akteneinsicht und die Meldungen über die Ereignisse täglich viel über die völkerrechtswidrige und mörderische deutsche Kriegführung erfahren.

So zeigte uns Schamwild erst einmal das Himmelreich der Soldaten. Wir traten durch das hohe Portal, das mit militärischen Emblemen wie bei alten Offizierskasinos geschmückt war, in die Vorhalle, einem Raum, der durch seine barocken Proportionen, die überschwängliche Ausstattung mit vergoldeten Stuccaturen, Decken- und Wandgemälden und bemalten Stuckfiguren so geschmückt war, dass Malerei und Plastik unmerklich ineinander übergingen. Er war groß genug, um mehr als zweihundert Bilder auszustellen.

Hier standen nun wie angekündigt auf Staffeleien und an Stellwänden aufgehängt die zerstörten Bilder im alten Glanz. Es war eine überwältigende Ausstellung: Alte Flügelaltäre aus dem Mittelalter, russische Ikonen, Porträts, Landschaften, Stillleben bis in die klassische Moderne. Dort waren etwa dreißig Ölgemälde des französischen Impressionisten Pissaro dicht gedrängt aufgestellt, die deutsche Soldaten während der Besetzung von Versailles 1871 in seinem Atelier als Teppichboden oder Brennmaterial ruiniert hatten. Dort war auch das wunderbare Bild von Max Ernst ,La belle Jardiniere' zu sehen, das SA-Soldaten 1937 vermutlich genauso aus der Ausstellung ,Entartete Kunst' verschwinden ließen wie das in über hunderttausenden Kunstpostkarten verbreitete Bild von Franz Marc ,Der Turm der blauen Pferde'.

Wer wie ich ein Bildernarr ist, musste in Wut geraten, dass all diese Herrlichkeiten auf Erden für immer verloren waren. Immerhin konnte ich Bilder sehen, die große, reiche Sammler (die ich sonst immer heftig beneide) nicht einmal aus Abbildungen kannten, weil man von ihnen nur aus schriftlicher Überlieferung weiß. Dieser Anblick allein war die Reise in den Soldatenhimmel schon wert, auch wenn damit meine Vorurteile über Sinn für Kunst oder besser dessen Fehlen bei Soldaten sicherlich gefestigt wurden. Wie hätten sie sonst alle diese Herrlichkeiten zerstören können!

Mit Mühe konnte ich mich von diesem Anblick losreißen und den anderen Räumen zuwenden, die von dieser Eingangshalle aus zu erreichen waren. Es gab vier große Säle. Drei davon waren mit langen Tischen und einfachen, aber ergonomisch vorzüglichen Stühlen versehen. Das sollte wohl so sein, wenn man eine Ewigkeit auf ihnen sitzen musste, ohne sich das Rückgrat zu verbiegen. Die Grundfarben der Wände waren ganz schlicht in Weiß, Grau und Beige gehalten. Auch hier zierten Bilder die Wände. Am meisten Eindruck machte ein viele Quadratmeter großes Wandgemälde. Es war das Schlachtengemälde, das Leonardo da Vinci für den großen repräsentativen Saal im Palazzo Vecchio in Florenz gemalt hatte und das von seinem Konkurrenten später übermalt worden war. Die meisten Bilder aber waren offenbar aus alten Offizierkasinos, die Kampf- und Kriegsszenen darstellten und die in der jetzigen Zeit von weniger martialisch denkenden Soldaten, die eher die Friedenssicherung betonen wollten, abgehängt worden waren. Die ganze Pracht wurde eingerahmt durch die klassischen Proportionen, insbesondere des großen Saales. Die Kassettendecke war in Silber gefasster einfacher Stuck. Nirgendwo gab es barocken Überschwang, sondern formvollendete sachliche Strenge.

Die Fußböden waren aus rotgesprenkeltem Granit, auf dem trotz der Härte des Materials kräftige Spuren zu sehen waren von der jahrhundertelangen Traktierung durch Soldatenstiefel. Die Tische waren aus blankem, gescheuertem Holz und an den Wänden und von der Decke herab hingen dutzende von Regimentsfahnen. Scharnwild wies darauf hin, dass nur solche Fahnen aufgehängt worden waren, die von einem Regiment stammten, das mindestens 36 Jahre ohne Fehl und Tadel seinen Dienst versehen habe. Übrigens seien es überwiegend Fahnen aus Friedenszeiten, denn im Kriege sei es wohl sehr viel schwieriger, diese Bedingung zu erfüllen, auch wenn in dem Fall nur noch 24 Jahre Tadellosigkeit gefordert würden.

Der Zweck der Räume sei es, die beiden Soldatengruppen, die in den Himmel aufgenommen würden, voneinander zu trennen. In der Halle der Moral träfen sich alle die Soldaten, die brav gedient hätten und ein Vorbild in Pflichterfüllung gewesen seien. Diese Halle sei größer als die Halle der Befähigung, da es offenkundig mehr brave als fähige Soldaten gäbe. Außerdem vertrügen sich beide Gruppen nicht so gut. Die größte Halle sei der eigentliche Himmel. Dort kämen alle aufgenommenen Soldaten in regelmäßigen Abständen zusammen, um darüber zu debattieren, wie eine objektive und alle Aspekte korrekt beschreibende Welt-Militär-Geschichte aussehen müsste. Im Vertrauen gesagt, die Sitzungen seien schwierig und oft hitzig. Früher sei es sogar zu Handgreiflichkeiten unter den Herren gekommen, aber seit ein paar Jahrhunderten hätte man deshalb ein Präsidium bestimmt und eine Geschäftsordnung beschlossen, beide zusammen sorgten jetzt für einen friedlichen Verlauf der Sitzungen. Major Eisenbart, wieder ganz Politikwissenschaftler, wollte mehr über die Verfassungsfragen im Soldatenhimmel wissen, während mich brennend der vierte Raum, die offenbar große und prächtige Bibliothek, interessierte. Ich ließ Eisenbart deshalb allein weiterziehen und stahl mich in dieses Paradies der Wissenschaft. Es war ein wundervoller Raum, weit, hoch und auf eine unerfindliche Art so beleuchtet, dass man überall gleichmäßig gut sehen - und damit auch lesen konnte, ohne dass eine direkte Lichtquelle ausfindig zu machen war. Das Licht schien von den Büchern und Manuskripten zu kommen.

Als ich noch suchend und grübelnd dastand, kam ein alter, gebeugter Mann von der Seite auf mich zu. Er stützte sich auf einen elfenbeinverzierten Krückstock, trug alte, abgetragene Kleider, wie man sie von den Bildern des Alten Fritz von Adolph Menzel kennt, auch der Zopf war da, wenn auch von mittlerweile weißem und etwas schütterem Haar. Als er mich mit seinen großen Augen ansah und in merkwürdig gebrochenem Deutsch ansprach, das einen leichten Berliner Akzent aufwies und mit französischen Brocken vermischt war, ging mir ein Licht auf: er war es selber!

(Friedrich d. Große am Schreibtisch (Menzel)

Vor Verlegenheit stotternd brachte ich nicht mehr als ein verklemmtes „Majestät" heraus, hin und her gerissen zwischen meiner demokratisch-republikanischen Gesinnung und meiner Ehrfurcht vor der großen historischen Gestalt. „Papperlapapp", war seine Antwort, „hier haben wir alle nur einen Namen, ich bin Fritz und Er ist Martin? Spielt Er Flöte?" „Jawohl" kam es ungewohnt militärisch von meinen Lippen, „besser gesagt, früher einmal". Ohne dass ich auch nur weitergesprochen hätte, holte der Alte Fritz aus, um meine Fragen zu beantworten. Beleuchtung brauche man hier nicht, weil der Geist, der zwar nicht in allen, aber

53

in den meisten Büchern stecke, so stark leuchte, dass es immer hell genug hier sei. Ja, er sei hier der Bibliothekar! Warum? Oh, eine lange Geschichte, aber zwei Gründe seien die wichtigsten gewesen. Er gehöre zu den ganz wenigen Soldaten, die Bücher gelesen, ja, sogar geschrieben hätten, gewissermaßen gebildet seien. Das Zweite: Es sei auch eine Strafe, dass er den Benutzern zu Diensten sein müsse, er, der ehemalige König. Das sei dafür, dass er so willkürlich Kriege vom Zaun gebrochen habe und so wenig Herz für seine Soldaten gehabt habe. Bedauerliche Fehler, ja, aber mit der Regelung im Himmel könne er doch noch zufrieden sein. „Es hätte auch schlimmer kommen können, wäre ich 150 Jahr später gestorben und dieser böhmische Österreicher Schweijk schon im Einlasskomitee gesessen hätte."

Erst jetzt kam ich dazu, mir den Raum etwas genauer anzusehen, zu sehr hatte mich die Begegnung mit dem Alten Fritz gefangen genommen. Der Raum war sehr hoch, in zwei Ebenen aufgeteilt. Unten reichten die Bücher mehr als drei Meter hoch. Sie waren an der Wand entlang in Regalen aufgestellt, mit Glastüren verschlossen, die in weißen, goldverzierten Rahmen steckten. Darüber gab es eine um den ganzen Raum herumlaufende Galerie, ungefähr zwei Meter breit, die getragen und gestützt wurde von athletischen Männern, fast nackt, die, wie auf den alten Renaissancebildern Atlas die Welt trug, hier die Galerie trugen. Das Muskelspiel war aufs feinste herausgearbeitet und weckte die Illusion, dass die Athleten Schwerstarbeit leisten müssten. Der Alte Fritz sah diese Figuren offenbar mit gemischten Gefühlen, denn er meinte, das sehe alles viel zu angestrengt und gar nicht elegant aus.

Etwas schlanker, jugendlicher hätten sie schon sein können.

Zur umlaufenden Galerie führte in den vier Ecken des Saales je eine Wendeltreppe hinauf, gerade so groß, dass auch ich mit meinen 1,93 m ohne mich zu bücken oder zu verrenken hinaufgelangen konnte. Oben waren an der Wand entlang wieder diese glastürverschlossenen Bücherregale. Sie waren allerdings nicht mehr ganz so hoch, man konnte aus der obersten Reihe bequem die Bücher herausholen, ohne eine Büchertreppe zu benutzen. Das Geländer war aus Holz geschnitzt mit den typischen Verzierungen des Klassizismus. Viel Blattgold war verwandt worden, ansonsten herrschte die Farbe Weiß vor. Von der Galerie aus konnte man das Deckengemälde nicht so gut sehen, wie von der unteren Etage, weil alles sehr verzerrt war. Der Alte Fritz führte mich deshalb nach unten an eine Stelle vor den Katalogen. Von dort aus sah man in perfekter Perspektive Athene, die Göttin der Wissenschaften, vor ihrem Tempel auf der Akropolis, vor ihr und an den Seiten aufgestellt Männer, die alle mit Büchern, Schriftrollen, Werkzeugen und Schreibzeug bewaffnet waren. „Das sind die Schriftsteller, Philosophen und Erfinder unter uns Soldaten, dort, das ist Cäsar, hier ist dieser Mensch aus Nürnberg, der das Schwarzpulver erfunden haben soll, das da ist der Oranier", erklärte mein berühmter Führer.

Er hätte sicher weitere Erklärungen abgegeben, hätte er nicht gemerkt, dass meine Aufmerksamkeit auf den Katalog gefallen war. Das waren nicht solche sicherlich praktischen Blechkästen wie in der Bibliothek der Akademie, sondern handgeschnitzt, bemalt und vergoldet, auf jedem der ausziehbaren Kasten nicht nur die Findbuchstaben, sondern sorgfältig gearbeitete Miniaturen, Szenen aus dem militärischen Leben darstellend.

Als ich diesen wunderbar gearbeiteten Katalog sah, konnte ich nicht widerstehen und schlug nach, ob auch meine Veröffentlichungen schon in dieser Bibliothek vorhanden seien. Eine fand ich, die anderen nicht. Mein fragender Blick veranlasste wieder den Alten sofort zur Auskunft: „Ja, es sei schwierig, in die Bibliothek aufgenommen zu werden. Zuvor müssten nämlich ein General und drei Stabsoffiziere das Buch gelesen und verstanden haben, und Du weißt ja, wie es mit Lesen und Verstehen bestellt ist." Mir schoss durch den Kopf, dass ein einziges Mal ein General ein Buch von mir besprochen hatte, und ich hatte verwundert festgestellt, dass die Besprechung sachlich und nicht mit den sonst üblichen Ressentiments bestückt gewesen war. Immerhin! Auch noch drei Stabsoffiziere hatten es geschafft.

Hin und her gerissen zwischen dem Gefühl, zur Erleuchtung beitragen zu können, und dem, trotzdem so wenig verstanden zu werden, drehte ich mich um und sah, dass Scharnhorst und Clausewitz eingetreten waren. Bei ihrem Aufnahmetermin war nicht allzu viel Arbeit angefallen. Die meisten Himmelsaspiranten konnten den Prüfungsausschuss nicht überzeugen.

Bald waren wir in ein Gespräch über das Militär im allgemeinen und Generalstabsoffizierausbildung im Besonderen vertieft. Alles lässt sich hier nicht wiedergeben, was wir beraten haben, dazu muss ich die Protokollnotizen noch sorgfältiger auswerten. Auffällig war nur, dass der Philosoph des Krieges, der hochgebildete Clausewitz, von der Offizierausbildung nur verlangte, dass sie die militärfachlichen, taktischen und strategischen Kenntnisse vermittele, während Scharnhorst, der Praktiker, ganz vehement auf eine allgemeine, fundierte, humanistische Bildung setzte: „Carl", sagte er, „Du vergisst immer, dass dir Bildung immer selbstverständlich war, dass du dir als Autodidakt die halbe Weltliteratur und mindestens ein Drittel der Philosophie angeeignet hast. Du beharrst auf der militärischen Ausbildung auch nur, weil Du selber - außer bei mir an der Kriegsschule - nie eine solche, die den Namen verdient hätte, erlebt hast. Nun schau Dir aber mal den Normaloffizier an. Was hat er denn im Kopf? Seinen Dienst, die paar Fachkenntnisse, seine Karriere und die Angst vor den Vorgesetzen. Diese Leute muss man dazu zwingen, mehr zu lernen, und weil sie sich gerade dabei bockig anstellen, brauchten sie eigentlich die Knute, mit der man ein Mindestmaß an Bildung in sie hineinprügeln könnte."

Mir gefiel es so gut mit diesen Heroen der Militärgeschichte, auch wenn der Alte Fritz etwas verständnislos unserem Disput gefolgt war. Scharnhorst merkte wohl, dass ich gerne im Soldatenhimmel für immer geblieben wäre - und, mit dem wissenden Blick zu Clausewitz gewandt, zerstörte er diesen Traum. „Erst wenn Sie Ihr großes Projekt über die Kulturgeschichte des Militärs fertiggestellt haben und es wirklich so gut wird, wie Sie selber glauben!" Da ich nun mal alle Unterlagen zu diesem Buch noch auf Erden hatte, war klar, dass ich hier im Himmel wenigstens vorläufig nur zu Besuch sein durfte.

In diesem Augenblick läutete eine Glocke, wie man es vom Ende einer Theaterpause kennt. Scharnwild erschien und forderte mich auf, schnell mitzukommen, die große Aufnahmezeremonie würde gleich beginnen. Wir stellten uns auf der großen Treppe auf, hatten dort einen guten Überblick auf das Geschehen weiter unten und fuhren erschrocken zusammen, weil direkt hinter uns drei Engel ihre Fanfaren mit aller Kraft bliesen. Nach dem Fanfarensignal war eine kräftig geschlagene Trommel zu hören und auf einmal belebte sich der Vorplatz. Der Tambour kannte seine Signale und in kürzester Frist kam eine ganze Kompanie Langer Kerls angerannt und stellte sich in Formation auf, drei Züge à 36 Soldaten mit je einem Feldwebel und einem Offizier.

Vor der Front stand nun Friedrich Wilhelm, der Soldatenkönig. Dass er gerne das Exerzieren selber kommandiert hatte, konnte man hier wieder sehen. Mit lauter, scharf artikulierter Stimme kamen die Kommandos: „Richtet Euch!“. Die Soldatenreihen wurden zu einer perfekten Linie. „Präsentiert das Gewehr!“. Nun, Waffen gab es im Himmel nicht, dafür aber dicke polierte Knüppel, die nun in vorgeschriebener Folge und im perfekt gemeinsamen Rhythmus präsentiert wurden. Dann hieß es „Augen rechts!“, die Köpfe ruckten zur rechten Schulter, damit sie dem nun entgegenkommenden Himmelsaspiranten entgegen schauen konnten. Diese hatten nun selber Aufstellung genommen, das Himmelspräsidium an der Spitze. Diesem meldete der König nun seine Truppe und die Gesellschaft nahm nun die Präsentation der Ehrenformation ab.

Friedrich Wilhelm I mit seinen Langen Kerls (Menzel)

Ein weiteres Kommando, und die Formation löste sich auf. Jeder Soldat bezog eine der Treppenstufen zum Himmel und stand dort Spalier. Als der letzte der Geehrten im Eingang des Saals verschwand, gellte wieder die Stimme des Königs über den Platz, die Trommel war wieder zu hören, dieses Mal im Marschtempo, und die Parade ging im Marschschritt zu ende.

Mein „Page" wurde ungeduldig und nötigte mich, selber auch in den großen Saal zu gehen. Er war ein Greis in schwarzer preußischer Husarenuniform und Scharnhorst bedeutete ihm, er solle mich zu meinem Platz geleiten. Der Alte gehorchte sofort, obwohl er im Erdenleben offenbar das Befehlen gewohnt war.

"Mackensen", sagte Scharnhorst, „ist nur zu Pagendiensten zu gebrauchen, ziemlich beschränkter Kerl, ließ sich zu sehr vielen Dingen benutzen." Damit war ich entlassen und wurde in den großen Saal geführt.

Seitwärts vom Vorstandspodium stand ein Tisch mit drei Stühlen ebenfalls etwas erhöht, so dass man den ganzen Saal problemlos von dort aus überschauen konnte. Dort wurde ich platziert und sah Eisenbart und Scharnwild kommen. Letzterer wurde zwischen uns gesetzt, sodass er nach beiden Seiten nötigenfalls Erklärungen abgeben konnte. Eisenbart hatte offenbar mit dem Präsidium der Himmelsversammlung konferiert. Ich entnehme das seinen endlosen Interviews auf den wiedergefundenen Tonbändern. Er scheint aber auch nur Verfassungs- und Herrschaftsfragen besprochen zu haben. Immerhin konnte er mir deshalb genaue Auskunft über das geben, was sich im großen Festsaal abspielen würde.

Langsam füllte sich der Saal. Es waren viele mir unbekannte Gesichter dabei. Manchmal gab es eine kleine Rangelei unter den Himmelsbewohnern. Daraus entnahm ich, dass es so etwas wie eine festgelegte Sitzordnung geben musste. Scharnwild erklärte auch gleich, dass die verdientesten, vorbildlichsten Soldaten direkt beim Präsidium, die anderen nach Verdienst weiter unten sitzen würden. Bedient würden alle von denen, die trotz ihrer Verdienste zu viele Fehler gemacht hätten.

An der Spitze der Tafel saßen Soldaten wie Admiral Nelson, die Generale Clausewitz, Scharnhorst, Gneisenau, Montecuculi, Prinz Eugen, Wilhelm von Oranien, General Sigel, letzterer aus den Nordstaaten

Amerikas, in Deutschland völlig vergessen, obwohl er vom Leutnant zum General der Revolutionstruppen 1849 befördert dem preußischen Bürgerkriegsheer zunächst eine empfindliche Niederlage bereitet hatte. Neben ihm der 48er Revolutionär Hecker, der als Divisionskommandeur unter Siegel im amerikanischen Sezessionskrieg gegen die Südstaaten gekämpft hatte. Dann saß dort auch noch der schweizer Oberst von Rüstow. Er hatte als preußischer Artillerieleutnant während der 48er Revolution eine Schrift mit dem Programm einer demokratischen Milizarmee veröffentlicht, musste deshalb fliehen. Später war er Generalstabschef Garibaldis beim nationalen Befreiungskrieg in Italien und dann hat er noch wesentliche Teile seiner Milizschrift in die schweizer Militärverfassung eingebracht. Sie alle konnte ich erkennen, hatte ich von ihnen doch hinreichend gute Portraits gesehen. Meine Suche nach den Offizieren, die in der Bundeswehr hoch geachtet sind, war erfolglos. Weder Graf Schlieffen noch Halder oder von Manstein waren zu sehen. Als ich den Widerständler Generaloberst Beck auch nicht ausfindig machen konnte, erklärte Scharnwild, dass er vielleicht bald dabei sein könne. Er habe zur Wiedergutmachung für seine Zusammenarbeit mit Hitler die Aufgabe, die Spitzen der Bundeswehr auf ein richtiges Verständnis des Verhältnisses von Militär und Politik zu verpflichten. Theoretisch sei das ja alles geklärt, aber in der Praxis liege es offenbar immer noch im Argen. Ein paar Jahre mehr oder weniger für diese Aufgabe spielten allerdings keine Rolle, denn im Himmel sei man dann ja doch die ganze Ewigkeit.

Scharnwild schien unsere Wissbegierde mürrisch zu machen. Trotzdem insistierte Eisenbart betreffend von Manstein. Warum er, der selbst von den alten Kriegsgegnern, den Engländern und Amerikanern, so sehr bewundert wurde, nicht zu sehen sei? „Ein bisschen übertrieben ist das schon, das hängt damit zusammen, dass sie nur seine Memoiren lesen und nicht die militärhistorische Forschung registrieren. Außerdem hat er ja auch reichlich Dreck am Stecken. Dubiose Rolle in der Ukraine, entsetzliche Befehle und mehr." „Wo steckt er denn", fragte Eisenbart? „Hat seine Art von Hölle. Erlebt dreimal täglich seine Auszeichnung und Beförderung zum Generalfeldmarschall durch Hitler persönlich und wenn er aus dem Empfangssaal der Reichskanzlei durch die Tür heraustritt, stolpert er mit dem nächsten Schritt in den Saal des Curiohauses in Hamburg, in dem er als Kriegsverbrecher verurteilt wurde, immer in der Angst, die Richter würden alles heraus finden, was man ihm vorwerfen könnte". Mein Bedarf an solchen Erklärungen war damit gedeckt. Was sollten erst die anderen für Höllen erleben?!

In die letzten Sätze von Scharnwild hinein schmetterten laute Fanfarenstöße. Alle erhoben sich von den Sitzen und machten Front zur großen Eingangstür. Helles, strahlendes Licht durchflutete den Raum, als das Präsidium nun mit den neuen Mitgliedern einzog. Nun wurde mir klar, was das hieß. Vorweg ging der Erzengel Michael, ihm folgten zwei Damen. „Die heilige Johanna von Orleans und St. Barbara", erklärte Scharnwild. Dann, an ihren Insignien erkennbar, St. Peter, St. Melchior, St. Mauritius, und hoch zu Ross - der Heilige Georg. Melchior war in seinem weiten orientalischen Gewand erschienen, das die Hautfarbe dieses

Schwarzafrikaners besonders betonte. Er hatte, als einer der heiligen drei Könige, auch jetzt wieder Weihrauch und Myrrhe dabei. Der Duft erfüllte den großen Raum. Übrigens führte der alte Ziethen, der Reitergeneral vom Alten Fritz, das Pferd von St. Georg. Es war ein überwältigender Anblick. Der Erzengel Michael war nicht nur groß und stattlich, er war schön! Er war in einem Kleid erschienen, das offenbar aus lauter kleinsten Schuppen aus poliertem Gold und Silber gearbeitet war. Bei jeder seiner Bewegungen ging ein ganz leises Klirren durch den Raum und ein Flimmern von seinem Kleid aus, das ihn ganz unwirklich erscheinen ließ. Und wenn er seine kräftigen, schneeweißen Flügel auch nur leicht bewegte, spürte man den Wind, der davon ausging.

Die heilige Johanna schaute etwas betrübt drein, als ob sie den Schock von ihrer Verbrennung noch immer nicht ganz überwunden hatte. Sie war in der einfachen, aber praktischen Ritterrüstung erschienen, die ihr der französische König nach dem Sieg bei Orleans hatte anfertigen lassen. Sie war ohne Helm und so konnte man das schöne, immer noch junge Frauengesicht bewundern, das von pagenmäßig kurzgeschnittenem Haar umrahmt war. Die heilige Barbara, die Schutzheilige der Artilleristen, Feuerwerker und ähnlicher Berufe war wie eine mittelalterliche adelige Dame gekleidet. Sie trug alles, was damals Mode war, schöne bestickte Stoffe waren für ihr Kleid verwandt worden, laufen musste sie allerdings auf diesen unpraktischen Schnabelschuhen. Es sah etwas merkwürdig aus. Als sie sich grüßend ein paar Zeitgenossen zuwandte und uns ihren Rücken zeigte, sah man, dass dieses schöne Kleid hinten ziemlich versengt war, es musste Feuer gewesen sein. Scharnwild grinste, ja, die Dame sei bei Schießübungen der ersten Artilleristen vor fünfhundertfünfzig Jahren mal zu nah an eine Kanone gekommen, als die Lunte schon gezündet und die Kanone in einem Feuerstrahl geplatzt war.

St. Peter sah nicht so aus, wie er auf den Bildern früherer Jahrhunderte dargestellt wurde. Er hatte volles, schwarzes Haar, keinen Bart, war vielmehr glattrasiert, hatte eine große Hakennase und einen breiten Mund mit starken Lippen. Er war in ein einfaches Hemdkleid gekleidet, wie es im Altertum einfache Leute trugen, aber er hatte ein Kurzschwert in der Hand und keinen Schlüssel, der ihm von den Theologen als Signum immer angedichtet wird. St. Georg, wie gesagt, hoch zu Pferde, nicht in einer glänzenden Paraderüstung, wie auf den mittelalterlichen Kirchenbildern, sondern in einem zerschundenen rostigen Ringhemd viel älteren Datums. Es war über ein Lederwams getragen und war sicher nicht so unbequem wie die Rüstung der heiligen Johanna. Als Georg abgesessen und das Pferd unter Zurücklassen seiner duftenden Äpfel hinausgeführt war, setzten sich die hohen Herrschaften.

„Früher waren nur Georg, Peter und Barbara im Präsidium“, erklärte Scharnwild, und Eisenbart ergänzte, sein neues Wissen ausbreitend: „Ja, als alle meinten, nur die vom Heer seien wirklich Soldaten. Georg stand für die Reiterei, Peter für die Infanterie, denn er hatte dem römischen Soldaten bei der Gefangennahme Jesu mit dem Schwert ein Ohr abgehauen und Barbara hatte die neuen Artilleristen unter ihre Obhut genommen.“ „Seit gut zweihundert Jahren haben wir wegen der vielen Marinesoldaten, die Einlass begehrten, die Johanna hinzugezogen, weil wir jemanden brauchten,
64

der wirklich feststellen konnte, wer nur Seeräuber und wer Soldat war. Und weil unter den Seeleuten fast nur Engländer waren und Engländer zugleich zur Selbstgerechtigkeit neigen, brauchten wir jemanden, der genügend Distanz zu ihnen hatte, ihre Schwächen kannte und kritisch genug ihnen gegenüber war."

Scharnwild wusste das zu berichten. Er erläuterte auch, dass Erzengel Michael erst seit 50 Jahren den Vorsitz machte, weil er als Engel eh einen höheren Rang im Himmel als die Heiligen habe und als einziger mit Kampferfahrung - damals gegen die aufbegehrenden und von ihm gestürzten Engel - zugleich auch was vom Fliegen verstand. Anlass war gewesen, dass dieser unmögliche Fliegeroffizier Rudel sich noch vor seinem Tod mit Waffengewalt Einlass in den Himmel verschaffen wollte, eine ganze Meute von gefallenen Luftwaffenoffizieren aller Herren Länder hinter sich. Man hatte deren Angriff nur mit Mühe abwenden können.

Das Präsidium hatte sich niedergelassen und schon standen Pagen neben uns und überall im Saal. Es waren junge Leute darunter, die meisten aber waren älter und sehr alt. Vielen sah man an, dass sie auf Erden hohe Dienstgrade inne gehabt hatten. Ja, ausgewachsene - und in Paradeuniform gekleidete - Generale waren darunter. Sie mussten Pagendienst leisten, auch bei den Mannschaftsdienstgraden, die am Tisch saßen. „Es sind die systemkonformen Braven, die sich nichts haben zuschulden kommen lassen, aber auch nie über Recht und Unrecht ihres Tuns nachgedacht haben", konnten wir erfahren. Hier ging es ganz offenbar nicht um Dienstgradwürden, sondern um den unbestrittenen und unbestreitbaren Verdienst, eine Seltenheit übrigens nicht nur unter Soldaten.

Die Pagen schenkten aus großen Krügen ein. Eisenbart genoss es sichtlich, dass er von einem alten Obristen der preußisch-deutschen Armee bedient wurde. Meiner schien aus noch älteren Zeit zu stammen und war ohne sichtbare Rangabzeichen. Jeder von ihnen trug zwei dieser Krüge, in jeder Hand einen. Wir wurden gefragt, ob wir Nektar oder Ambrosia haben wollten. Wir waren beide wie ausgetrocknet, hatten wir doch den ganzen Tag nichts getrunken. Nektar sei gut als Erfrischung, würde auch stärken und munter machen, Ambrosia bewirke gelassene Ruhe und hebe die Stimmung. So nahm ich Nektar und fühlte mich umgehend erfrischt und Eisenbart Ambrosia: Er könne nach den anstrengenden Interviews etwas Ruhe gebrauchen.

Nun begann die Zeremonie der Aufnahme. Jeder einzelne wurde aufgerufen, seine Verfehlungen und seine Verdienste, die Gründe für die Aufnahme vorgetragen. Danach erhielt er je nach Verdienst seinen Platz zwischen den Alten. Das dauerte natürlich und muss hier nun nicht in aller Breite ausgeführt werden. Es war auch etwas viel Routine dabei, so dass auch Langeweile aufkam und manch einer der alten Kämpen ein Nickerchen versuchte. Bevor Unruhe aufkam, war allerdings die Zeremonie zu Ende und das Präsidium schlug vor, erst einmal eine Pause im Freien zu machen. Dort würde Landgraf Friedrich uns eine Vorführung seiner wunderbar trainierten Kompanie zeigen.

Lauthals widersprach nun Friedrich. Das komme überhaupt nicht in Frage. Er habe nicht umsonst in Pirmasens eine riesige Exerzierhalle bauen lassen. Der Fußboden müsse bei den komplizierten Manövern völlig eben sein, auf der Wiese ginge das alles nicht. Außerdem dürften die kostbaren Uniformen nicht der Witterung ausgesetzt werden. Also: Vorführung in der großen Halle oder gar nicht. So wurden die vielen braven Soldaten mobilisiert und während die illustre Gesellschaft sich im Freien bei schönstem Sonnenschein die Füße vertrat, wurde die große Halle komplett ausgeräumt und nach wenigen Minuten konnte die Gesellschaft wieder einmarschieren. Sie mussten nun allerdings im Stehen das Spektakel bewundern. Aufgereiht standen die alten Helden nun dicht an dicht.

Mich trieb die Frage um, wie kommen diese beiden Fürsten, der König und der Landgraf, in den Himmel, welche mir unbekannten Verdienste haben sie denn, die das rechtfertigen? Scharnwild schmunzelte. „Ein bisschen Theater braucht man auch im Himmel. Für die alten Helden sind nun einmal diese militärischen Rituale Seelenbalsam. Immerhin hat der König seine Truppen wirklich höchst sparsam eingesetzt und er hat seine Soldaten geliebt. Und der Landgraf hat sein Militär im Grunde für ein ziviles friedliches Spektakel trainiert. Und Sie sehen ja, wie diese Himmelsbewohner bei den Vorführungen aufblühten. Das Bedürfnis danach ist ja über Jahre, ja Jahrzehnte anerzogen. Außerdem dachte man, als sie in den Himmel eingelassen wurden, noch anders über Krieg und Frieden als heute und der ‚gerechte‘ Krieg war damals keine Parole, sondern auch akzeptiert.“

Nun ertönten wieder die Fanfaren, Trommel- und Pfeifenklang kamen immer näher. Dann erschienen die immer noch stattlichen Reste des einst berühmten „größten Trommler- und Pfeiferkorps des Heiligen Römischen Reiches Deutscher Nation“ und spielten zunächst nur eintönigen Marschrhythmus. Hinter ihnen erschienen nun die Soldaten der Vorführkompanie in drei Zügen, jeweils vorweg der Leutnant und an der Spitze des Ganzen der kommandierende Hauptmann. Friedrich ließ also kommandieren, tat es nicht selbst wie es der Soldatenkönig vorher getan hatte.

Cet exemple d'un Chef plein de reconnoissance, Doit picquer les soldats d'un aiguillon d'honneur, Et qu'ordinairement ils reçoivent du Vice, 18
Qui punit les méchans et les bons récompence; Puis que de la vertu dépend tout leur bonheur; La honte, le mespris, et le dernier supplice.

Dies ist ein Offizier, gerecht und beispielhaft; muß die Soldaten wohl bei ihrer Ehre greifen. und für das Laster zahlt man, wie ein jeder weiß,
wie er die Guten lohnt und auch die Bösen straft, kann ihnen doch das Glück nur aus der Tugend reifen. mit Schande, Schimpf und Folter einen hohen Preis

Als die ganze Truppe einmarschiert war und Aufstellung genommen hatte, begannen die Trommler und Musiker mit der Marschmusik und der Hauptmann kommandierte nun die Schau. Scharf und laut tönten seine Kommandos und korrekt und zackig reagierten die Soldaten. Es gab Schwenks vorwärts, seitwärts, nach Kommando auch Kehrtwendungen und so erschien ein faszinierendes Soldatenballett. Die Zuschauer wippten im Rhythmus mit den Füßen, bewegten sich mehr und mehr und stampften nach einiger Zeit im Marschrhythmus mit den schweren Stiefeln auf dem Granitboden, so dass der organisierte rhythmische Lärm immer größer wurde. Pagen brachten in großen Krügen Nektar und Ambrosia, man trank sich zu, die Stimmung wurde immer besser, ja ausgelassen. Die allgemeine Begeisterung führte dazu, dass keiner merkte, dass die Pagen nun Lethe, den Trank des Vergessens, einschenkten.

Mir hatte der Page auch Lethe eingeschenkt. Ärgerlich darüber, dass er mir ungefragt den Trank des ewigen Vergessens angedreht hatte, kippte ich das Zeug unter dem Tisch aus, in dem Trubel wohl nicht ganz und verlangte Ambrosia, was ich dann auch - aber im selben Krug - erhielt. Auch mich überfiel dann die große Müdigkeit. Dann bin ich offenbar auch eingeschlafen. Vielleicht hat es an den Spuren von Lethe gelegen, die sicherlich im Becher zurückgeblieben waren. Aber es war ja auch ein teuflisch aufregender und anstrengender Tag nach einer doch auch ziemlich erbarmungslos durchzechten Nacht gewesen. Also Grund genug, auch vor Erschöpfung einzuschlafen.

Nun ja, wie es uns am Tag des Erwachens ging, erinnerten wir beide zu genau, trotz Lethe und Suff. Wenn wir beide auch andere Schwierigkeiten kannten als die, mit einem schweren Kopf einen anständigen Dienst zu versehen, nämlich die, mit dem Unverständnis und der Uneinsichtigkeit von Militärs zurechtzukommen, so werden wir auch diesmal damit leben können, wenn sie diesen Bericht nicht glauben. Wir beide wissen allerdings seitdem, dass es einen Soldatenhimmel gibt, dass viele, die man dort vermutet, offenbar gar nicht dort gelandet sind. Und wenn wir beide später, wenn es uns dann auch erwischt, Eisenbart als aktiver, ich als Reserveoffizier, doch nicht in den Himmel kommen, so sind wir doch wenigstens mal zu Besuch da gewesen und wissen, wie es da zugeht. Und wenn man mich doch zulassen würde und ich wegen meiner unbestreitbaren Schwächen nicht in die Bibliothek dürfte, sondern in der Halle der Moral mit den nur Braven leben müsste, wüsste ich nicht einmal, ob ich überhaupt in diesen Himmel will.

Literaturverzeichnis

Gottfried Bachl: Über den Tod und das Leben danach, Graz 1980

Hans Ulrich von Balthasar: Kleiner Diskurs über die Hölle, Ostfildern [2]1987

Hans Bietenhard: Die himmlische Welt im Urchristentum und Spätjudentum, Tutzingen 1951

Peter Brown: Die Keuschheit der Engel, München 1991

George Noel Gordon Lord Byron: Die Vision des Gerichts, in: Sämtliche Werke, 1., München 1967

Jacques Callot: Das gesamte Werk in zwei Bänden, München o.J.

Dante Alighieri: Die göttliche Komödie (hier benutzt die Ausgabe in der Übersetzung von Philalethes, erläutert von Edmund Th. Kauner, Berlin o.J.

Bernard de Fontelles: Totengespräche, Ffm. 1991

Jaques Le Goff: Die Geburt des Fegefeuers, Stuttgart 1984 (Paris 1981)

Gisbert Greshake: Gerhard Lohfink. Naherwartung - Auferstehung - Unsterblichkeit, Freiburg, [5]1986

Manfred Hutter: Altorientalische Vorstellungen von der Unterwelt, Göttingen 1985

Hermann Kees: Totenglauben und Jenseitsvorstellungen des alten Ägypten, Berlin 1977

Leopold Kretzenbacher: Legendenbilder aus dem Feuerjenseits, Wien 1980

Bernhard Lang, Colleen Mc Dannell: Der Himmel. Eine Kulturgeschichte des ewigen Lebens, Ffm. 1990

Martin Meyerholdt, S. J.: Geschlecht, Geschlechterdifferenz und ihre Spiegelung in der himmlischen Geschlechtslosigkeit. Eine Erwiderung auf die sogenannte feministische Theologie, Paderborn 1986

Johann Maria Traugott Müller: Jenseitserfahrung und Welterfahrung oder über den Zusammenhang von Sünde, Strafe und Erlösung, Passau 1834

Franziskus Ephraim Petronius: Fegefeuer und Läuterung oder über den gottgewollten Weg zur ewigen Glückseligkeit, Köln 1786

Arno Schmidt, Goethe und einer seiner Bewunderer. in: Texte und Zeichen Nr. 3, 1957. Nachdruck, Zürich 1985

Armin Schmitt: Entrückung - Aufnahme - Himmelfahrt: Untersuchungen zu einem Vorstellungsbereich im Alten Testament, Stuttgart 1973

Eva-Maria Schultze-Mittelmark: Der Himmel ist weiblich! Feministische Theologie und himmlisches Leben, Hamburg 1979

Ludwig Thoma: Ein Münchener im Himmel, München 1996

Abbildungsnachweis

S. 26 Jacques Callot Bd. 2, s.o., S. 1329

S. 32 Callot, Bd. 2, S. 1341

S. 53 Franz Kugler: Geschichte Friedrichs des Gro-
       ßen. Zeichnungen Adolph Menzel, Leipzig
       1922, S. 604

S. 59 Kugler, S. 15

S. 69 Callot, Bd. 2, S. 1350

Carola Hartmann Miles-Verlag

Schriften zur Tradition

Eberhard Birk, Winfried Heinemann, Sven Lange (Hrsg.), *Tradition für die Bundeswehr. Neue Aspekte einer alten Debatte*, Berlin 2012.

Donald Abenheim, Uwe Hartmann (Hrsg.), *Tradition in der Bundeswehr. Zum Erbe des deutschen Soldaten und zur Umsetzung des neuen Traditionserlasses*, Berlin 2018.

Joachim Welz, *Vom Kontingentsheer zum Reichsheer: Militärkonventionen als Motor der Wehrverfassung*, Berlin 2018.

Donald Abenheim, Uwe Hartmann, *Einführung in die Tradition der Bundeswehr. Das soldatische Erbe in dem besten Deutschland, das es je gab*, Berlin 2019.

Eberhard Birk, Heiner Möllers (Hrsg.), *Die Luftwaffe und ihre Traditionen (aus der Reihe Schriften zur Geschichte der Deutschen Luftwaffe, Band 10)*, Berlin 2019.

Hans-Günter Behrendt (Hrsg.): *Erinnerungsorte der Bundeswehr – Personen, Ereignisse und Institutionen der soldatischen Traditionspflege*, Berlin 2020.

Dirk Drews, Stefan Gruhl (Hrsg.): *Oberst Reinhard Hauschild 1921–2005. Traditionsstifter für die Bundeswehr? Gedenkschrift zum 100. Geburtstag*, Berlin 2021.

Dieter Krüger, *Verständigung mit Frankreich. Das vergebliche Plädoyer des Oberst Dr. Hans Speidel. Paris 1940–1942*, Berlin 2021.

Erinnerungen

Blue Braun, *Erinnerungen an die Marine 1956–1996*, Berlin 2012.

Klaus Grot, *So war's, damals. Dienstchronik eines Pionier-offiziers im Kalten Krieg 1954–1991,* Berlin 2014.

Gustav Lünenborg, *Bürger und Soldat. Innere Führung hautnah 1956–1993, 1993–2015,* Berlin 2015.

Adolf Brüggemann, *Als Offizier der Bundeswehr im Auswärtigen Dienst. Meine Erinnerungen als Militärattaché in Seoul (Republik Korea) 1978–83 und in Prag (Tschechoslo-wakei/Tschechien) 1988–1993,* Berlin 2015.

Rainer Buske, *Eine Reise ins Innere der Bundeswehr. Wundersame Geschichten aus einer anderen Welt,* Berlin 2016.

Heinz Laube, *Duell am Himmel,* Berlin 2016.

Viktor Toyka, *Dienst in Zeiten des Wandels. Erinnerungen aus 40 Jahren Dienst als Marineoffizier 1966-2000,* Berlin 2017.

Hans-Eckhard Tribess (Hrsg.), *Im Leben unterwegs – für den Frieden. Festschrift für Wolfgang Altenburg zum 90. Geburtstag am 22. Juni 2018,* Berlin 2019.

Kurt Graf v. Schweinitz, *Notizen im Transit von Krieg und Frieden,* Berlin 2020.

Karl-Otto Behrendt, *Der kurze Bericht über eine lange Zeit. Kriegsgefangenschaft 1945–1953, herausgegeben und kommentiert von Hans-Günter Behrendt,* Berlin 2021.

Hans Peter von Kirchbach, *Herz an der Angel,* Berlin 2021.

Militärgeschichte

Eberhard Kliem, Kathrin Orth, *"Wir wurden wie blödsinnig vom Feind beschossen". Menschen und Schiffe in der Skagerrakschlacht 1916,* Berlin 2016.

Hans Frank, Norbert Rath, *Kommodore Rudolf Petersen. Führer der Schnellboote 1942–1945. Ein Leben in Licht und Schatten unteilbarer Verantwortung,* Berlin 2016.

Eckhard Lisec, *Der Völkermord an den Armeniern im 1. Weltkrieg – Deutsche Offiziere beteiligt?,* Berlin 2017.

Ingo Pfeiffer, *Heinz Neukirchen. Marinekarriere an wechselnden Fronten,* Berlin 2017.

Joachim Welz, *Erfolgsstory oder Trauma – die Übernahme von Armeen. Lehren aus der Übernahme des österreichischen Bundesheeres in die Wehrmacht 1938 und der Reste der NVA in die Bundeswehr 1990,* Berlin 2018.

Joachim Hoppe, Manfred Wilde (Hrsg.), *Die Unteroffizierschule des Heeres, Die militärische Meisterschule,* Berlin 2016.

Georg Neuhaus, *Am Anfang war ein Speer. Eine Chronographie der Kriegs- und Militärtechnologien,* Berlin 2018.

Hans-Werner Ahrens, *Die Transportflieger der Luftwaffe 1956 bis 1971. Konzeption – Aufbau – Einsatz,* (Reihe Schriften zur Geschichte der Deutschen Luftwaffe, Band 8), Berlin 2019.

Jobst Reller, *Die Anfänge der evangelischen Militärseelsorge,* Berlin ²2020.

Eberhard Frhr. v. Senden, Friedrich Frhr. v. Senden, *Der Erste Weltkrieg 1914–1918. Erlebnisse eines jungen Leutnants,* Berlin 2020.

Hans-Günter Behrendt, *Flugabwehr in Deutschland. Stationierungsorte und Systeme 1956-2012,* Berlin 2021.

Harald Fritz Potempa, *Balkan 1914-1945. Raum und Kleiner Krieg als militärhistorische Kategorien in der Wahrnehmung deutscher Streitkräfte,* Berlin 2021.

Stephan Horn, *Französische und wallonische Freiwilligen-verbände im Zweiten Weltkrieg. Politische Implikationen militärischer Kollaboration,* Berlin 2021.

Jörg Beining, *Streng geheim! Elektronische Kampfführung im Kalten Krieg. Die EloKa der Bundeswehr und NATO aus östlicher Perspektive,* Berlin 2021.

Gerd Bolik, *NATO-Planungen für die Verteidigung der Bundesrepublik Deutschland im Kalten Krieg,* Berlin 2021.

Sicherheitspolitik

Wolf Graf v. Baudissin, *Grundwert: Frieden in Politik – Strategie – Führung von Streitkräften, herausgegeben von Claus von Rosen,* Berlin 2014.

Oliver Schmidt, *Deutsche Außenpolitik und die Zukunft der nuklearen Teilhabe in der NATO,* Berlin 2017.

Dirk Freudenberg, *Theorie des Irregulären – Erscheinungen und Abgrenzungen von Partisanen, Guerillas und Terroristen im Modernen Kleinkrieg sowie Entwicklungstendenzen der Reaktion, (3 Bände),* Berlin 2017.

Markus Reisner, *Robotic Wars – Legitimatorische Grundlagen und Grenzen des Einsatzes von Military Unmanned Systems in modernen Konfliktszenarien,* Berlin 2018.

Helmut Fiedler, *Military Assistance – eine moderne Einsatzart zwischen Anspruch und Wirklichkeit,* Berlin 2019.

Pascal Riemer, *Von der russischen Kriegskunst. Eine Untersuchung der dialektischen Zusammenhänge von Staatsidee und Militärwesen am Beispiel der Sowjetunion und der Russischen Föderation,* Berlin 2021.

Georg Kunovjanek, *Cyber – Die Domäne der vernetzten Unsicherheit. Eine kritische interdisziplinäre Analyse des Krieges der Zukunft und seiner normativen Grundlagen,* Berlin 2021.

Joachim Weber (Hrsg.), *Konfliktraum Arktis. Die Großmächte und der Hohe Norden,* Berlin 2021.

Thomas Jäger, Ralph Thiele (Hrsg.), *Der Politische Islamismus als hybrider Akteur globaler Reichweite. Die liberale demokratische Ordnung muss ihre Resilienz stärken,* Berlin 2021.

Uwe Hartmann, *Die Nato. Mächte und Menschen in der transatlantischen Allianz,* Berlin 2021.

Dirk Freudenberg, *Wehrhaftigkeit der Medienordnung – Rechtliche und rechtspolitische Probleme vor dem Hintergrund der Konzeption Zivile Verteidigung (KZV),* Berlin 2022.

Militär und Gesellschaft

Hans-Christian Beck, Christian Singer (Hrsg.), *Entscheiden – Führen – Verantworten. Soldatsein im 21. Jahrhundert,* Berlin 2011.

Marcel Bohnert, Lukas J. Reitstetter (Hrsg.), *Armee im Aufbruch. Zur Gedankenwelt junger Offiziere in den Kampftruppen der Bundeswehr,* Berlin 2014.

Phil C. Langer, Gerhard Kümmel (Hrsg.), *„Wir sind Bundeswehr." Wie viel Vielfalt benötigen/vertragen die Streitkräfte?,* Berlin 2015.

Eberhard Birk, Peter Andreas Popp (Hrsg.), *Luftwaffenoffizier 21. Das Selbstverständnis des Luftwaffenoffiziers zu Beginn des 21. Jahrhunderts, (aus der Reihe Schriften zur Geschichte der Deutschen Luftwaffe, Band 5),* Berlin 2016.

Alois Bach, Walter Sauer (Hrsg.), *Schützen.Retten.Kämpfen. Dienen für Deutschland*, Berlin 2016.

Marcel Bohnert, Björn Schreiber (Hrsg.), *Die unsichtbaren Veteranen. Kriegsheimkehrer in der deutschen Gesellschaft*, Berlin 2016.

Angelika Dörfler-Dierken (Hrsg.), *Hinschauen! Geschlecht, Rechtspopulismus, Rituale: Systemische Probleme oder individuelles Fehlverhalten?*, Berlin 2019.

Jahrbuch Innere Führung (seit 2009)

Uwe Hartmann, Reinhold Janke, Claus von Rosen (Hrsg.), *Jahrbuch Innere Führung 2020. Zur Weiterentwicklung der Inneren Führung: Themen und Inhalte*, Berlin 2020.

Uwe Hartmann, Reinhold Janke, Claus von Rosen (Hrsg.), *Jahrbuch Innere Führung 2021/22. Ein neues Mindset Landes- und Bündnisverteidigung?*, Berlin 2022.

Offiziersbibliothek

Uwe Hartmann, *Offiziersbibliothek I. Deutschland*, Berlin 2020.

Franz H.U. Borkenhagen, Uwe Hartmann, *Offiziersbibliothek II. Internationale Beziehungen und Sicherheitspolitik*, Berlin 2021.

www.miles-verlag.jimdo.com